2019年度

國家藝術基金

CHINA NATIONAL ARTS FUND

南朝石刻的临摹写生与传统雕塑的保护人才培养文献集

南京大学雕塑艺术研究所

INSTITUTE OF SCULPTURE ART OF NANJING UNIVERSITY

主 编：尚莲霞

南朝氣韻

TEMPERAMENT AND CHARM OF SOUTHERN DYNASTIES

目录

时代精神的雕刻

上承秦汉，下启隋唐，六朝是一个个性解放的时代。所谓“魏晋风度”，正反映了当时文人放荡形骸、高谈玄理、超然自得的精神状态。

六朝，是一个浪漫而伟大的时代。王弼的“得意忘言”“得意忘象”以及顾恺之的“传神论”、谢赫的“六法论”均强调“神”。因此，六朝在绘画、书法、工艺、雕塑方面均有极高的成就。耸立于南京及其周边地区壮伟恢宏的六朝石刻正是该时代的精神象征。

南朝帝陵雕刻主要包括石兽、石碑、石柱（华表）等。那些辟邪、麒麟等在天地间屹立，无论在整体造型还是在细部的装饰上，都采用了夸张的手法，时时蓄聚着“腾跃”的张力，仿佛权力附体于神力而永世不竭。其程式化的夸张风介于俑的雄浑之体与灵动之意的表现之间，形制的装饰意趣和斧凿的精妙都不能掩盖其气贯长虹的生动气韵。南朝石兽的雄伟与神秘创造了帝陵雕刻的新高度。

这些失落的灵魂，随着时过境迁，孤独、苍凉地伫立于大地之上。当年的王气已荡然无存，留下的只有那永恒的艺术魅力。他们散落于南京炼油厂、麒麟门外、仙鹤门、江宁侯村、甘家巷、丹阳、句容……在新时代的中国，又被赋予了新的意义。

首先，这些磅礴、空灵、神出古异、逸气弥漫的雕刻所折射的学术自由、科技进步的时代精神无不令现代人感动。其次，其造型艺术中所洋溢的东方神韵，予人们以视觉上的震撼。它们对现实肤浅的商业雕塑来说是巨大威慑。那些昂首挺胸、迈步行进的石兽，气吞万里，“S”形的构成以及处处可见的饱满而有力的弧线，彰显出东方的“坚毅”与“灵敏”。再次，对“城市文化”而言，六朝石刻是历史赐予的资源。城市文化由“过去”与“现代”构成，它们的存在与发展预示着未来。优秀的古代文化，尤其是以硬质材料为载体的物质形态文化，是一个城市风神古韵的魅力所在。最后，对旅游经济而言，如能保护好并合理开发利用这些雕刻，也将是不尽的财源。

这些无声的、立体的雕塑艺术为这座城市代言，默默地叙说着城市的历史、文化、悲情、英雄、博爱。然而，历史毕竟是历史，它只有在发展过程中，不断被注入新的精神琼浆，焕发新的生命活力，才能为未来、为后人书写新的历史篇章。艺术家们也只有在社会发展的大潮中，把握主流，才能创造出不朽的力作。

我想，在新时代大力弘扬“文化自信”和构建人类命运共同体的今天，政府应该投入力量，社会应该共同来保护好、陈列好、传承好这批历史遗珍。南京大学主办的“南朝石刻的临摹写生与传统雕塑的保护人才培养”国家艺术基金培训班恰逢其时，能为社会培养高层次的雕塑创新人才，完善六朝雕塑理论体系的构建，将会给江苏南京添上灿烂文化的光辉，造福万代。

吴为山于中国美术馆

2019 年 8 月 20 日

2019年度

國家藝術基金

CHINA NATIONAL ARTS FUND

南朝石刻的临摹写生与传统
雕塑的保护人才培养文献集

培 养 方 案

项目概况

“南朝石刻的临摹写生与传统雕塑的保护人才培养”为国家艺术基金2019年度艺术人才培养资助项目。项目主体：南京大学雕塑艺术研究所；项目负责人：尚莲霞；项目组联系人：任艳明、陈小鸣。

一、项目目标和意义

西学东渐是20世纪中国的时代主题。西方雕塑的介入，导致了中国雕塑价值标准的偏离与混乱。原本优秀的中国雕塑传统在本土被排斥于主流之外。近代以来，随着菩萨造像的衰落，西方的写实主义“塑人”不断兴盛，导致对雕塑写实的功用性要求愈来愈高，西洋技法愈加受到重视。20世纪50年代后苏联革命现实主义一统天下，“文化大革命”时期高大全偶像塑造成风。改革开放以来，雕塑的发展逐渐呈现出多元化趋势。随着城市的建设和发展，雕塑为城市建设服务的社会功能越来越显著。因此，我们不能满足于中国雕塑只存在于博物馆、石窟、墓道中，应当在对传统雕塑作品的临摹和创作过程中，提炼其精髓，运用到当下雕塑的创新发展中，促进人类文化生态的多元发展。

习近平总书记高度重视和弘扬中华优秀传统文化，他在2013年8月全国宣传思想工作会议上指出：“中华优秀传统文化是中华民族的突出优势，是我们最深厚的文化软实力。”因此，从中国博大精深的传统文化中汲取精华，可以增强中国人的民族自信心，再创中华文化新的辉煌。

南京地区的南朝石刻遗存主要分布于六朝时期首都南京郊外和齐梁帝陵区的丹阳郊外，而且都是在皇帝和王侯贵族的大墓中。石兽一般是高达三四米的大型石灰石圆雕作品，砖画是在泥土制成的砖坯上模印图像后烧成，它们的创作和制造毫无疑问都离不开当时的一流艺术家和工匠们。魏晋南北朝时期，佛教石刻的发展缓慢，南朝陵墓神道石刻异军突起。这些石刻形体硕大，气势恢宏，雕琢精致洗练，造型夸张，变形适度，富有想象力，摆脱了婉约、细腻、秀美风格的约束，代表了六朝石刻雕塑艺术的最高成就，可与北方佛教石刻相媲美。南朝陵墓神道石刻一方面继承了汉代石刻艺术的传统，以力量、运动、速度体现出一种宏伟庞大的气势之美；另一方面改进了汉代古朴、幼稚、粗糙简单和笨拙的做法，在造型设计、雕刻技法等方面达到了新境界，实现了继汉开唐的历史性转变，并对唐宋时代的石刻艺术产生了深远的影响。

此项目响应了国家弘扬中华优秀传统文化的号召，继承和发扬了中华民族的突出优势，可以更好地发挥我们最深厚的软实力。南京拥有南朝石刻得天独厚的资源，南京大学雕塑艺术研究所很好地利用本地资源，更好地发挥南京大学雕塑理论和创作实践的学科优势，为保护和传承传统雕塑文化贡献一份力量。本项目的开展实施依托南京大学文史哲学科综合优势，借助江苏省雕塑家协会、南京博物院、六朝博物馆等平台，采取课堂理论讲授、专家讲座、田野考察调研等方式，更重要的是对石刻雕塑等第一手资料进行临摹写生，通过优秀的创作专家手把手示范、指导，一道道技艺演示，让学员们得到系统全面的教学培养。既有理论指导，又有手上的技艺功夫，这样才能实现培养理论和创作兼长的人才的目标。同时，对南朝石刻的临摹写生和理论研究，对梳理中国古代雕塑史是有益的补充，也可以为日后南朝石刻的修复和保护提供参考。

二、培训方式

项目培训以理论研究和实践创作“双核心”导向的方式，开展理论教学、专题讲座、文艺论坛、考察调研、创作示范、基地采风、作品展览等系列课程，形成一体化教学培训体系。

三、课程计划

项目严格按照国家艺术基金艺术人才培养资助项目的相关规定与目标，合理安排教学课程和培训计划，做到理论课程与田野调查以及科研创作相结合。培训总时长90天，其中集中培训40天，分为三个阶段。

第一阶段：2019年7月15日至8月23日，综合理论授课、创作指导、采风考察及交流研讨等多种课程形式穿插进行，相辅相成。

教学安排：

思想理论课程：邀请江苏省文联主席、江苏省教育厅副巡视员等文化艺术界的有关领导，以及江苏省委宣讲团成员、南京大学艺术学院党委书记等校内外专家学者开展十九大精神专题学习讲座，学习贯彻习近平文艺座谈会重要讲话精神。

实践指导课程：邀请全国政协常委、中国美术馆馆长、法兰西艺术院通讯院士吴为山教授，清华大学美术学院李鹤教授，鲁迅美术学院鲍海宁教授，东北师范大学李烜峰副教授，南京师范大学美术学院陈亮副院长，南京艺术学院美术学院尹悟铭副院长等艺术家、学者开展现场示范、创作指导等实践课程。

理论专题课程：邀请南京大学文科资深教授、中华文化研究院院长赖永海，南京大学历史系教授、文化与自然遗产研究所所长贺云翱，原苏州工艺美院院长、苏州大学教授廖军，苏州大学博物馆馆长张朋川等学者专家开展“考古学视角下的六朝历史与文化”“中国佛教文化艺术”“要传承更要创新——对新时代工艺美术发展的几点思考”“模仿与创造”等理论课程。

考察采风课程：开展考察南京、句容、丹阳等地区南朝陵墓石刻，苏州保圣寺彩塑，栖霞寺千佛岩，参观中国美术馆、中国雕塑院、南京博物院、六朝博物馆，调研北京凤凰中心、苏州设计小镇、圆融艺术中心等考察采风课程。

第二阶段：2019 年 8 月 24 日至 10 月 12 日，学员回归属地创作和教师巡回指导。

教学安排：

通过系列理论研究与考察调研以及实践创作等课程，学员们收集了第一手图文资料，理解了雕塑艺术领域理论与实践更深层次的内在关系。学员们在南京大学雕塑艺术所任艳明、陈健等项目组导师的引导下回归属地依据第一阶段的所学所思所悟开展自身创作。

此外，项目教学依托南京大学双创平台美术产研中心提供的 3D 雕塑扫描打印设备，邀请专项研究工程师带领学员紧扣南朝陵墓石刻主题，开展 3D 技术在雕塑领域的应用实践。

同时，为激发学员的创作激情，促进学员之间进行经验分享，项目组借助江苏省雕塑家协会和南京大学雕塑艺术研究所多年打造的雕塑论坛，成功开展了三期“塑坛论道”创作分享活动。学员们就各自的地域文化、雕塑创作以及心得体会，进行分享和交流，形成良好的学术氛围。在收获知识的同时，也增进了师生之间的友谊。

第三阶段：2019 年 11 月份举办作品展览观摩、研讨会以及出版作品文献集。

教学安排：

一方面，学员通过前期的学习和沉淀，提交三组创作方案并完成南朝陵墓石刻相关理论研究，梳理总结项目参与心得。

另一方面，项目专家组成员进行成果评估并提出修改意见，完善成果最终呈现方案。并且项目组成员依托学员成果开展学术研讨会，推出实践创作优秀成果汇报展暨研讨会。同时出版作品文献集。

四、项目前期准备

南朝陵墓石刻作为中国传统文化艺术的瑰宝，其中所深蕴的艺术价值、历史价值、文化价值不容低估，非同凡响。

南京大学雕塑艺术研究所自创立以来，便确立了史论研究、艺术创作、环境设计、宗教雕塑等科研方向。其中，将弘扬和传承中国传统雕塑文化艺术作为中心任务，取得了一系列突出成果和学术艺术成就。如“中国历史文化名人系列雕塑”，被东方文化学者季羡林誉为“扬中华之文化，开塑像之新天”。因而，作为项目主体的南京大学雕塑艺术研究所有信心也有能力为保护和传承南朝石刻文化贡献积极力量。

此外，为确保项目高位推进，南京大学雕塑艺术研究所依托南京大学文史哲综合学科优势，积极对接中国美术馆、南京博物院、六朝博物馆、中国雕塑院、中国城市雕塑家协会、江苏省雕塑家协会等文博系统单位和专业行业机构，建立合作平台。并且以高质量平台、高水平师资、多元化教学为支点，制定了一整套教学培训体系，为学员们进行系统全面的学习研究做好准备。

五、师资队伍

本项目教学团队由知名高校教师、文博系统工作人员、行业协会成员构成。其中既包含知名高校教授、博士生导师等具有深厚专业实力和丰厚教学经验的学者，也包含文博系统的著名专家以及行业协会的领军人物、知名艺术家。

特邀专家及专家组长：

吴为山：全国政协常委、中国美术馆馆长、中国美术家协会副主席、法兰西艺术院通讯院士。

本项目专家组成员（按拼音首字母排序）：

鲍海宁：鲁迅美术学院雕塑系主任，中国城市雕塑家协会秘书长。

陈国栋：南京威布三维科技有限公司技术工程师。

陈　健：南京大学艺术学院教师，中国雕塑院青年创作中心特聘雕塑家，江苏省雕塑家协会理事。

陈　亮：南京师范大学美术学院副院长、副教授，江苏省雕塑家协会常务理事。

贺云翱：南京大学历史系教授、博士生导师，南京大学文化与自然遗产研究所所长。

赖永海：南京大学文科资深教授、博士生导师，南京大学中华文化研究院院长。

李　鹤：清华大学美术学院教授、博士生导师，雕塑系党支部书记。

李烜峰：东北师范大学美术学院雕塑系主任、副教授，中国雕塑院青年创作中心副主任。

廖　军：苏州工艺美术职业技术学院原院长、教授、博士生导师，江苏省雕塑家协会副主席。

律　广：福建师范大学雕塑研究所所长、副教授，福建省城市雕塑家协会会长。

任艳明：南京大学雕塑艺术研究所所长助理兼创作部主任，中国城市雕塑家协会理事，江苏省雕塑家协会常务理事。

尚莲霞：南京大学艺术学院美术与设计系副主任、副教授。

尚　荣：南京大学哲学系副教授，中国美术家协会雕塑艺委会委员，中国城市雕塑家协会副秘书长，江苏省雕塑家协会副主席兼秘书长。

邵晓峰：中国美术馆科研部（筹）负责人，中国美术馆公共教育专家委员会委员。

孙　欣：《中国书画》杂志社编辑，《中国书画》杂志社书画院副秘书长。

汪　萍：南京大学艺术学院党委书记、教授。

尹悟铭：南京艺术学院美术学院副院长、副教授，江苏省雕塑家协会理事。

张　亮：南京大学研究生院副院长、教授、博士生导师，青年长江学者，中国马克思主义哲学史学会常务理事，江苏省马克思主义理论研究会副会长，江苏省哲学学会常务理事，江苏省中国特色社会主义理论体系研究中心特聘研究员。

张朋川：苏州大学教授、博士生导师，苏州大学博物馆馆长，艺术研究院名誉院长。

章剑华：江苏省文学艺术界联合会主席，国家一级艺术监督、教授、博士生导师，被江苏省政府授予紫金文化奖章。

朱　剑：扬州大学新闻与传播学院副教授，中国艺术研究院博士后。

六、成员报名与选拔

根据《国家艺术基金申报指南》和《项目申报协议书》的相关规定，本项目于2019年5月发布招生简章，面向全国艺术院校、文博单位、雕塑机构启动报名程序。

招生简章一经发布，便迎来了全国青年雕塑人才的积极响应。经过项目专家评审组的认真审议与讨论，从中遴选青年专业人才30名。学员来自全国各地15个省市。其中，具备中级及以上职称的专业青年人才19名，占学员总数的63.3%；硕士及以上学历的学员达29名，占学员总数的96.6%；来自高校、研究所等科研机构的一线教师及研究人员达27名，占学员总数的90.0%；主修雕塑及相关艺术专业的学员达100%，其中主修雕塑专业的学员27名，占学员总数的90.0%。

本次项目遴选的学员在相关领域已有一定建树，是一支高素质、专业化的青年人才队伍。

七、成果形式

1. 举办实践创作优秀作品展暨研讨会
2. 出版作品文献集
3. 在相关期刊发表四篇理论研究文章

国家艺术基金2019年度艺术人才培养资助项目

“南朝石刻的临摹写生与传统雕塑的保护人才培养”项目授课计划

集中培训天数：40天　培训总时长：90天

	天数	日期	时间	授课教师	授课内容	授课地点	教师来源（自有/外聘）
集中授课阶段	第一天	七月十五日	8：30—11：30	汪　萍	学习贯彻党的十九大精神	南京大学鼓楼校区费彝民楼	校内自有
			14：30—18：00				
	第二天	七月十六日	8：30—11：30	贺云翱	考古学视角下的六朝历史与文化	南京大学鼓楼校区费彝民楼	校内自有
			14：30—18：00				
	第三天	七月十七日	8：30—11：30	任艳明	摹习六朝石刻	南京	校内自有
			14：30—18：00				
	第四天	七月十八日	8：30—11：30	任艳明	摹习六朝石刻	南京	校内自有
			14：30—18：00	尚莲霞	交流小结	南京大学鼓楼校区费彝民楼	
	第五天	七月十九日	8：30—11：30	任艳明	摹习栖霞寺摩崖石刻	栖霞寺	校内自有
			14：30—18：00				
	第六天	七月二十日	8：30—11：00	尚莲霞 尚　荣	开班仪式	南京大学鼓楼校区费彝民楼	校内自有
			11：00—12：00	赖永海	南京佛教文化		
			14：30—18：00	任艳明	实践创作训练		
	第七天	七月二十一日	8：30—11：30	任艳明	实践创作训练	南京大学鼓楼校区费彝民楼	校内自有
			14：30—18：00	任艳明	参观六朝博物馆	六朝博物馆	
	第八天	七月二十二日	8：30—11：30	任艳明	实践创作训练	南京大学鼓楼校区费彝民楼	校内自有
			14：30—18：00				
	第九天	七月二十三日	8：30—11：30	张　亮	十九大精神政治理论课	南京大学鼓楼校区费彝民楼	校内自有
			14：30—18：00	章剑华	文艺理论思想学习		
	第十天	七月二十四日	8：30—11：30	任艳明	实践创作训练	南京大学鼓楼校区费彝民楼	校内自有
			14：30—18：00				
	第十一天	七月二十五日	8：30—11：30	任艳明	实践创作训练	南京大学鼓楼校区费彝民楼	校内自有
			14：30—18：00				
	第十二天	七月二十六日	8：30—11：30	陈　健	雕塑创作技法指导	南京大学鼓楼校区费彝民楼	校内自有
			14：30—18：00	陈　健	实践创作训练		
	第十三天	七月二十七日	8：30—11：30	陈　健	实践创作训练	南京大学鼓楼校区费彝民楼	校内自有
			14：30—18：00				
	第十四天	七月二十八日	8：30—11：30	李　鹤	雕塑创作技法指导	南京大学鼓楼校区费彝民楼	校外聘用
			14：30—18：00	李　鹤	实践创作训练		
	第十五天	七月二十九日	8：30—11：30	张朋川	中国古代雕塑史	苏州设计小镇多媒体教室	校外聘用
			14：30—18：00	廖　军	笔墨当随时代——工艺美术的传承与创新		
	第十六天	七月三十日	8：30—11：30	尚　荣	青年雕塑家艺术中心交流学习	苏州李公堤艺术馆	校内自有
			14：30—18：00	工作组	调研保圣寺彩塑	保圣寺	

集中培训天数：40 天　培训总时长：90 天

	天 数	日 期	时 间	授课教师	授课内容	授课地点	教师来源（自有/外聘）
集中授课阶段	第十七天	七月三十一日	8：30—11：30	尹悟铭	雕塑本体语言的守望	南京大学鼓楼校区费彝民楼	校外聘用
			14：30—18：00	邵晓峰	中国美术馆近年雕塑展中的学术创意		
	第十八天	八月一日	8：30—11：30	尹悟铭	实践创作训练	南京大学鼓楼校区费彝民楼	校外聘用
			14：30—18：00				
	第十九天	八月二日	8：30—11：30	陈国栋	3D 技术在传统雕塑传承与保护中的应用	南京大学鼓楼校区费彝民楼	校外聘用
			14：30—18：00				
	第二十天	八月三日	8：30—11：30	陈国栋	3D 技术在传统雕塑传承与保护中的应用	南京大学鼓楼校区费彝民楼	校外聘用
			14：30—18：00	孙　欣	与古萦萦——数字化时代个体美学的潜古面向	南京大学鼓楼校区费彝民楼	
	第二十一天	八月四日	8：30—11：30	律　广	石雕技法赏析	南京大学鼓楼校区费彝民楼	校外聘用
			14：30—18：00	律　广	实践创作训练		
	第二十二天	八月五日	8：30—11：30	律　广	实践创作训练	南京大学鼓楼校区费彝民楼	校外聘用
			14：30—18：00				
	第二十三天	八月六日	8：30—11：30	导师组	实践创作训练	南京大学鼓楼校区费彝民楼	校内自有
			14：30—18：00				
	第二十四天	八月七日	8：30—11：30	陈　亮	雕塑家多纳泰罗的艺术	南京大学鼓楼校区费彝民楼	校外聘用
			14：30—18：00	陈　亮	实践创作训练		
	第二十五天	八月八日	8：30—11：30	陈　亮	实践创作训练	南京大学鼓楼校区费彝民楼	校外聘用
			14：30—18：00				
	第二十六天	八月九日	8：30—11：30	李炬峰	《八女投江》创作技法指导	南京大学鼓楼校区费彝民楼	校外聘用
			14：30—18：00	李炬峰	实践创作训练		
	第二十七天	八月十日	8：30—11：30	李炬峰	实践创作训练	南京大学鼓楼校区费彝民楼	校外聘用
			14：30—18：00	李炬峰	泥塑示范		
	第二十八天	八月十一日	8：30—11：30	李炬峰	泥塑示范	南京大学鼓楼校区费彝民楼	校外聘用
			14：30—18：00	任艳明	中国古代历史人物泥塑示范		校内自有
	第二十九天	八月十二日	8：30—11：30	陈　健	动物泥塑示范	南京大学鼓楼校区费彝民楼	校内自有
			14：30—18：00	任艳明	实践创作训练		
	第三十天	八月十三日	8：30—11：30	导师组	实践创作训练	南京大学鼓楼校区费彝民楼	校内自有
			14：30—18：00				
	第三十一天	八月十四日	8：30—11：30	导师组	实践创作训练	南京大学鼓楼校区费彝民楼	校内自有
			14：30—18：00				
	第三十二天	八月十五日	8：30—11：30	导师组	实践创作训练	南京大学鼓楼校区费彝民楼	校内自有
			14：30—18：00				
	第三十三天	八月十六日	8：30—11：30	朱　剑	中国古代美术里的死亡与生命	南京大学鼓楼校区费彝民楼	校外聘用
			14：30—18：00	朱　剑	侵华日军南京大屠杀遇难同胞纪念馆考察	侵华日军南京大屠杀遇难同胞纪念馆	
	第三十四天	八月十七日	8：30—11：30	导师组	实践创作训练	南京大学鼓楼校区费彝民楼	校内自有
			14：30—18：00				
	第三十五天	八月十八日	8：30—11：30	鲍海宁	实践创作训练	南京大学鼓楼校区费彝民楼	校外聘用
			14：30—18：00	导师组			校内自有

集中培训天数：40 天　培训总时长：90 天

	天数	日期	时间	授课教师	授课内容	授课地点	教师来源（自有/外聘）
集中授课阶段	第三十六天	八月十九日	8：30—11：30	导师组	实践创作训练	南京大学鼓楼校区费彝民楼	校内自有
			14：30—18：00				
	第三十七天	八月二十日	8：30—11：30	尚莲霞	中国美术馆、凤凰美术馆、中国城市雕塑家协会参观学习	北京	校内自有
			14：30—18：00	吴为山	泥塑示范		
	第三十八天	八月二十一日	8：30—11：30	工作组	返回南京		校内自有
			14：30—18：00	导师组	实践创作训练	南京大学鼓楼校区费彝民楼	
	第三十九天	八月二十二日	8：30—11：30	导师组	实践创作训练	南京大学鼓楼校区费彝民楼	校内自有
			14：30—18：00				
	第四十天	八月二十三日	8：30—11：30	全体师生	总结大会	南京大学鼓楼校区费彝民楼	校内自有
			14：30—18：00				
属地创作和教师巡回指导	第四十一天	八月二十四日	8：30—11：30	尚　荣			校内自有
			14：30—18：00				
	第四十二天	八月二十五日	8：30—11：30	尚　荣			校内自有
			14：30—18：00				
	第四十三天	八月二十六日	8：30—11：30	任艳明			校内自有
			14：30—18：00				
	第四十四天	八月二十七日	8：30—11：30	尚　荣			校内自有
			14：30—18：00				
	第四十五天	八月二十八日	8：30—11：30	尚　荣			校内自有
			14：30—18：00				
	第四十六天	八月二十九日	8：30—11：30	任艳明			校内自有
			14：30—18：00				
	第四十七天	八月三十日	8：30—11：30	尚　荣			校内自有
			14：30—18：00				
	第四十八天	八月三十一日	8：30—11：30	尚　荣			校内自有
			14：30—18：00				
	第四十九天	九月一日	8：30—11：30	陈　健			校内自有
			14：30—18：00				
	第五十天	九月二日	8：30—11：30	尚　荣			校内自有
			14：30—18：00				
	第五十一天	九月三日	8：30—11：30	尚　荣			校内自有
			14：30—18：00				
	第五十二天	九月四日	8：30—11：30	任艳明			校内自有
			14：30—18：00				
	第五十三天	九月五日	8：30—11：30	任艳明			校内自有
			14：30—18：00				
	第五十四天	九月六日	8：30—11：30	陈　健			校内自有
			14：30—18：00				
	第五十五天	九月七日	8：30—11：30	陈　健			校内自有
			14：30—18：00				
	第五十六天	九月八日	8：30—11：30	尚　荣			校内自有
			14：30—18：00				

集中培训天数：40 天　培训总时长：90 天							
	天 数	日 期	时 间	授课教师	授课内容	授课地点	教师来源（自有/外聘）
属地创作和教师巡回指导	第五十七天	九月九日	8：30—11：30 14：30—18：00	任艳明			校内自有
	第五十八天	九月十日	8：30—11：30 14：30—18：00	任艳明			校内自有
	第五十九天	九月十一日	8：30—11：30 14：30—18：00	任艳明			校内自有
	第六十天	九月十二日	8：30—11：30 14：30—18：00	尚　荣			校内自有
	第六十一天	九月十三日	8：30—11：30 14：30—18：00	尚　荣			校内自有
	第六十二天	九月十四日	8：30—11：30 14：30—18：00	任艳明			校内自有
	第六十三天	九月十五日	8：30—11：30 14：30—18：00	任艳明			校内自有
	第六十四天	九月十六日	8：30—11：30 14：30—18：00	任艳明 陈　健			校内自有
	第六十五天	九月十七日	8：30—11：30 14：30—18：00	陈　健			校内自有
	第六十六天	九月十八日	8：30—11：30 14：30—18：00	陈　健			校内自有
	第六十七天	九月十九日	8：30—11：30 14：30—18：00	任艳明			校内自有
	第六十八天	九月二十日	8：30—11：30 14：30—18：00	任艳明			校内自有
	第六十九天	九月二十一日	8：30—11：30 14：30—18：00	陈　健			校内自有
	第七十天	九月二十二日	8：30—11：30 14：30—18：00	陈　健			校内自有
	第七十一天	九月二十三日	8：30—11：30 14：30—18：00	陈　健			校内自有
	第七十二天	九月二十四日	8：30—11：30 14：30—18：00	陈　健			校内自有
	第七十三天	九月二十五日	8：30—11：30 14：30—18：00	任艳明			校内自有
	第七十四天	九月二十六日	8：30—11：30 14：30—18：00	任艳明			校内自有
	第七十五天	九月二十七日	8：30—11：30 14：30—18：00	陈　健			校内自有
	第七十六天	九月二十八日	8：30—11：30 14：30—18：00	陈　健			校内自有
	第七十七天	九月二十九日	8：30—11：30 14：30—18：00	任艳明			校内自有

集中培训天数：40 天　培训总时长：90 天

	天数	日期	时间	授课教师	授课内容	授课地点	教师来源（自有/外聘）
属地创作和教师巡回指导	第七十八天	九月三十日	8：30—11：30 14：30—18：00	任艳明			校内自有
	第七十九天	十月一日	8：30—11：30 14：30—18：00		10.1—10.7 国庆法定假日		
	第八十天	十月二日	8：30—11：30 14：30—18：00				
	第八十一天	十月三日	8：30—11：30 14：30—18：00				
	第八十二天	十月四日	8：30—11：30 14：30—18：00				
	第八十三天	十月五日	8：30—11：30 14：30—18：00				
	第八十四天	十月六日	8：30—11：30 14：30—18：00				
	第八十五天	十月七日	8：30—11：30 14：30—18：00				
	第八十六天	十月八日	8：30—11：30 14：30—18：00	任艳明	整理作品及文献资料	南京大学鼓楼校区费彝民楼双创展厅	校内自有
	第八十七天	十月九日	8：30—11：30 14：30—18：00	任艳明			校内自有
返校结题	第八十八天	十月十日	8：30—11：30 14：30—18：00	陈　健			校内自有
	第八十九天	十月十一日	8：30—11：30 14：30—18：00	陈　健			校内自有
	第九十天	十月十二日	8：30—11：30 14：30—18：00	陈　健			校内自有
结项成果	1. 举办实践创作优秀作品展 2. 开展项目成果研讨会 3. 整理和出版作品集和理论研究文献集						

南朝石刻的临摹写生与传统雕塑的保护人才培养学院录取名单

序号	姓名	地区	所在单位
1	曹　鹏	山东济南	齐鲁师范学院美术学院
2	陈　战	广西南宁	广西大学行健文理学院
3	付磊磊	江西景德镇	景德镇陶瓷大学
4	罗伟安	江苏南京	三江艺术学院
5	亢　亮	辽宁鞍山	鞍山师范学院
6	侯晓飞	河北石家庄	职业雕塑家
7	焦艳军	陕西西安	西北大学艺术学院
8	李凤志	江苏苏州	常熟理工学院
9	李　鹏	江苏南京	南京信息工程大学传媒与艺术学院
10	李　岩	江苏南京	江苏第二师范学院美术学院
11	刘国英	陕西西安	西安工程大学
12	罗宗勇	安徽芜湖	安徽师范大学美术学院
13	山　峰	天津	南开大学滨海学院艺术系
14	申旭栋	山西太原	中北大学艺术学院
15	树德力	湖南益阳	湖南工艺美术职业学院
16	谭　维	江苏南京	南京邮电大学传媒与艺术学院
17	汤海英	江苏淮安	淮阴工学院设计艺术学院
18	王乐家	江苏南京	南京师范大学中北学院
19	王明妍	辽宁大连	大连工业大学
20	孙月锋	河南郑州	黄河科技学院
21	文东东	广东广州	职业雕塑家
22	谢　渊	江苏南京	江苏第二师范学院美术学院
23	徐源松	四川绵阳	四川文化艺术学院
24	杨祥民	江苏南京	南京邮电大学传媒与艺术学院
25	江安平	江苏南京	南京十九山雕塑院
26	张超越	山西长治	山西长治彩塑艺术研究院
27	张建鹏	山西太原	山西大学美术遗产研究所
28	张　楠	江苏盐城	盐城师范学院美术与设计学院
29	张志林	湖北黄石	湖北师范大学美术学院
30	赵忠勤	广西南宁	广西大学行健文理学院

南朝石刻的临摹写生与传统雕塑的保护人才培养学员简历

（按姓氏拼音排序）

曹　鹏　Cao Peng

齐鲁师范学院美术学院讲师。作品《五牛图》获“第十二届全国美展”入围奖、“第十届中国艺术节”入围奖；作品《雅骏思鸣》获“南京市青奥会雕塑大赛”入围奖；作品《五牛纳福》获“第二届福州国际雕塑大赛”优秀奖。

陈　战　Chen Zhan

广西大学行健文理学院讲师。作品《戎马一生，浩气长存》获“庆祝中国共产党成立90周年广西优秀美术作品展”优秀奖；作品《吃棒棒糖的女孩》获“庆祝广西壮族自治区成立50周年美术作品展”二等奖；作品《共唱新时代》获“2018—2019中国·郑州国际青年雕塑家作品展”优秀奖；作品《父亲》入选“第九届巴塞罗那国际具象艺术大奖赛”。

付磊磊　Fu Leilei

景德镇陶瓷大学讲师。作品《天路·祈福》入选“第十二届全国美展”；作品《脊梁——高原之舟》获“江西省第九届青年美展”一等奖；作品《行者——脊梁》获“中央电视台雕塑大赛”佳作奖。

侯晓飞　Hou Xiaofei

职业雕塑家。作品《孤独的瞬息》获“第四届中国青年雕塑家双年展”入围奖；作品《静谧的远方》获“曾竹韶雕塑艺术奖学金”提名奖；作品《山水间　淡绿色的夜晚》入围“筑梦时间——东湖全国青年雕塑家优秀作品展”30强。

江安平　Jiang Anping

职业雕塑家，江苏省雕塑家协会会员。作品《白狼盘木》入选中国美术馆“民族大团结——全国雕塑艺术作品展”；作品《渡》入选“逐梦时代·塑我青春——全国青年雕塑家作品展”；作品《尹瘦石》入选“江苏省近现代名人雕塑展”；作品《关云长》入选中国雕塑院主办的“青铜之声——第二届青年雕塑家邀请展”；作品《春风徐来》入选“江苏省首届当代紫砂雕塑展”。

焦艳军　Jiao Yanjun

西北大学艺术学院教师。作品《行走》入选“匠与意——同曦·中国青年雕塑艺术展”；作品《泣血凝魂系列》入选“第二届江苏美术奖作品展”；作品《精忠报国》入选“戏韵·中国”主题雕塑大赛。

亢　亮　Kang Liang

鞍山师范学院讲师，承担雕塑专业课程的教学工作，多次参与辽宁省及各地雕塑工程的设计与制作。

李凤志　Li Fengzhi

常熟理工学院讲师、工艺美术师。作品《我们一起赴前线》入选“伟大的胜利——纪念中国人民抗日战争暨反法西斯战争胜利70周年中国中青年雕塑家作品展”；作品《音符——青春旋律》获“南京·国际体育雕塑大赛”入围奖；作品《舞韵》获“江苏省第二届城市景观艺术设计大赛”铜奖。

李　鹏　Li Peng

南京信息工程大学传媒与艺术学院讲师。作品《和美西藏》入选“2017年国家艺术基金项目”；作品《醉·逍遥》入选“第六届全国青年作品展”；作品《桃园结义》入选“逐梦时代·塑我青春——全国青年雕塑家作品展”；作品《匡亚明》入选“江苏省近现代名人雕塑展”，并被江苏省文学艺术界联合会永久收藏；作品《醉·逍遥》入选中国美术馆主办的“首届全国雕塑艺术大展”，并被中国美术馆收藏。

李　岩　Li Yan

江苏第二师范学院美术学院讲师、美术与设计中心主任。作品《苏东坡》入选“第四届中国青年雕塑双年展”；作品《守望》（合作）入选中国美术馆“民族大团结——全国雕塑艺术作品展”；作品《一蓑烟雨任平生》入选“第二届江苏美术奖”；作品《月下松涛醉》被意大利贝内文托市政府收藏。

刘国英 Liu Guoying

西安工程大学讲师。作品《刘关张》获“第七届中国西部美术展油画雕塑年度展”优秀奖并被收藏；作品《三岔口》入选首届“戏韵·中国”主题雕塑大赛；作品《你我他》入选“中国第二届当代陶瓷艺术展”；作品《都市节奏》入选“第十二届全国美术作品展”陶瓷单元。

罗伟安 Luo Weian

三江学院艺术学院副教授，公共艺术雕塑工作室主任，文创产品设计工作室负责人。作品《月亮上的日麦》入选“民族大团结——全国雕塑艺术作品展”；作品《青衣》《观霾》入选“首届江苏艺术双年展”；作品《观霾》入选第二届“青春时光”江苏省青年艺术家作品展；作品《青衣》入选“晨光浩然——2018 江苏省美术家协会作品展”；作品《东方韵》入选“首届全国美术教育教师作品展”；作品《青衣》入选第三届“时代风华——江苏高校美术作品展”；作品《东方韵系列》获“第二届江苏省美术奖作品展”提名奖；作品《如是江山多妩媚》入选“江苏古代文化艺术名人雕塑展”。

罗宗勇 Luo Zongyong

安徽师范大学美术学院讲师，作品《等待》入选“第十八届中国长春国际雕塑展”，并被放大收藏；作品《射月》入选“2018—2019 中国·郑州国际青年雕塑家作品展”；作品《我不知道风是在哪一个方向吹》入选“逐梦时代·塑我青春——全国青年雕塑家作品展”，并被中国城市雕塑家协会永久收藏。

山　峰 Shan Feng

南开大学滨海学院讲师。2014 年作品《智能手机》入选“第四届中国长春世界雕塑大会——首届中国当代青年雕塑作品展”并获银奖；2018 年作品《伴》入选“中国黑龙江第二届国际雕塑双年展”；2019 年作品《高原之舟》入选中国美术馆“民族大团结——全国雕塑艺术展”。

申旭栋 Shen Xudong

中北大学艺术学院讲师。作品《玄》入选“第二届金鸡湖双年展”；作品《青春年华》入选“南京国际体育雕塑大赛”；作品《山水不玄》获“2010 年全国高校毕业生优秀作品展”学术奖。

树德力　Shu Deli

湖南工艺美术职业学院讲师。作品《彼岸》获 2019 年 “艺鼎杯——全国木雕现场大赛” 银奖；作品《军旗魂》获 2018 年 “艺鼎杯——全国木雕现场大赛” 铜奖；作品《柳诒徵》获 2016 年 “江苏近现代名人雕塑展” 一等奖。

孙月锋　Sun Yuefeng

黄河科技学院艺术设计学院讲师。作品《韵》入选 “民族大团结——全国雕塑艺术作品展” ；作品《风清气正》入选 “第七届中韩雕塑作品展” 。

谭　维　Tan Wei

南京邮电大学传媒与艺术学院教师，2018 年参加江苏省社科重点项目 “江苏南朝石刻艺术的数字化保护与开发研究”，是南京艺术基金项目 “南朝石刻艺术影像作品展览” 核心成员。作品《南京图书馆 VI 设计》入选北京国际设计周 “2016 当代国际水墨设计展” ；作品 3D 人像《风化》入选 “融通并茂——第二届江苏省高校设计作品展” 。

汤海英　Tang Haiying

淮阴工学院设计艺术学院讲师、美术师三级，《现代青年》2017 年度十佳艺术家，淮安市第二期 “533 英才工程” 学术技术骨干人才培养对象。石雕作品《风沙吟》入选 “民族大团结——全国雕塑艺术作品展”；雕塑《无题》入选 “2008 年第四届中国青年雕塑双年展” ；雕塑《心向和平》入选 “伟大的胜利——中国人民抗日战争暨世界反法西斯战争胜利 70 周年中国中青年雕塑邀请展” 。

王乐家　Wang Lejia

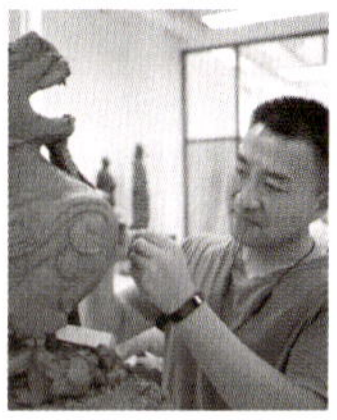

南京师范大学中北学院讲师。作品《敦煌印象 · 沙弥守戒》入选 “中国当代佛教艺术展” ；作品《柳亚子》入选 “江苏近现代百位名人雕塑展” ；作品《在路上》入选 “朝圣敦煌——首届国际城市雕塑作品大展” ；作品《立春》入选江苏省美术家协会 “第 5 次新人美术作品展览” 。

王明妍 Wang Mingyan

大连工业大学雕塑系讲师。作品《胶原蛋白流失现状》入选“日本金泽21世纪美术馆展”；作品《现代·婚》入选“中韩当代作品联展”；作品《旗帜》发表于《美术观察》。

文东东 Wen Dongdong

职业雕塑家。作品《声音》入选“第八届中国北京国际美术双年展”；作品《物与形》入选“2018—2019中国·郑州国际青年雕塑家作品展”；作品《新器型1》入选“第三届CHINA·中国陶瓷艺术设计大展”。

谢 渊 Xie Yuan

江苏第二师范学院助教。作品《观自在》入选“工匠精神·琢境江苏雕刻艺术邀请展”；作品《远方家乡》入选“民族大团结——全国雕塑艺术作品展”；作品《暮雪》入选“天工作意——中国当代紫砂雕塑展”。

徐源松 Xu Yuansong

四川文化艺术学院美术与设计学院雕塑系讲师。作品《远方·印象》获“2019年美术杂志”一等奖；作品《难以忘怀的印象》获“2018年中国当代大学生艺术作品年鉴”金奖；作品《记忆中的远方》获“第五届丝绸之路国际艺术节”三等奖。

杨祥民 Yang Xiangmin

南京邮电大学传媒与艺术学院副教授、硕士生导师，院长助理，主持在研江苏省哲学社会科学基金重点项目“江苏南朝石刻艺术的数字化保护与开发研究”（18YSA002）；专著《南朝访古录——南朝陵墓石刻艺术总集》获南京市人民政府颁发的南京市第十四次哲学社会科学优秀成果奖二等奖。

张超越　Zhang Chaoyue

就职于山西长治彩塑艺术研究院，师从史延春先生。作品《侍臣》落成于明太原县城玉皇庙；作品《胁侍菩萨》落成于太原文殊寺。

张建鹏　Zhang Jianpeng

毕业于山西大学美术遗产研究所。作品《逆流》入选“艺术山西——当代陶艺邀请展”；作品《僧》入选“第四届山西省青年美术作品展”；作品《忽闻》入选“第二届中国当代青年雕塑作品展”。

张　楠　Zhang Nan

盐城师范学院美术与设计学院讲师。作品《周巍峙》入选 2016 年“江苏省雕塑月”作品展；作品《思》入选“第四届韩国南原国际雕塑节”作品展；作品《下回分解——柳敬亭像》入选 2017 年“江苏省雕塑月”作品展。

张志林　Zhang Zhilin

湖北师范大学美术学院讲师。作品《幸福生活》入选“湖北省第三届雕塑双年展”；作品《大地》入选“湖北省第四届美术节暨雕塑艺术交流展”；作品《无题》获湖北省“第二届学院空间——青年美术作品展”优秀奖。

赵忠勤　Zhao Zhongqin

广西大学行健文理学院讲师，中国美术家协会会员。雕塑作品《唱完这山唱那山》获“中央电视台雕塑大赛”二等奖；雕塑作品《侗家糯香》获“第十二届全国美术作品展览”提名奖；雕塑作品《侗家糯米香》获“第十二届全国美术作品展览广西美术创作”一等奖；雕塑作品《父亲》被中国美术馆收藏。

南朝石刻的临摹写生与传统雕塑的保护人才培养开班仪式

开班仪式合影

7月20日上午，2019年度国家艺术基金“南朝石刻的临摹写生与传统雕塑的保护人才培养”项目高研班在南京大学举行开班仪式。南京大学党委常务副书记杨忠、江苏省文学艺术界联合会主席章剑华、江苏省教育厅副巡视员袁靖宇出席开班仪式并讲话。

受邀参加开班仪式的领导嘉宾还有南京大学文科资深教授、南京大学中华研究院院长赖永海，南京大学艺术学院党委书记汪萍，南京大学双创办副主任古公亮，南京大学艺术学院美术与设计系主任、江苏省美术家协会副主席陆庆龙，南京信息工程大学艺术与传媒学院院长梁家年，南京大学众创空间执行主任凌元元，南京大学艺术学院美术与设计系副主任、项目负责人尚莲霞，南京大学雕塑艺术研究所所长助理兼创研部主任、项目联系人任艳明，南京市青年美术家协会副主席徐锴、副秘书长张朝晖等。开班仪式由南京大学国家双创示范基地文创平台美术产研中心负责人尚荣主持。

首先，杨忠书记代表学校向本次高研班的顺利开班表示热烈祝贺，向来自全国各地的参训学员表示热烈欢迎。杨忠书记在致辞中表示，美育是人文教育和素质教育的重要内容，南京大学有着优良的艺术教育传统。20世纪20年代，南大前身国立中央大学汇聚了徐悲鸿、张大千、陈之佛、吴作人、傅抱石等一代艺坛翘楚，成为中国现代学院派美术教育的中心。改革开放以来，南大继承和发扬美育精神及艺术教育传统，委任吴为山教授组建雕塑艺术研究所，又先后成立美术研究院、艺术学院等教学科研机构，确保艺术教育薪火相传、历久弥新。

南京大学党委常务副书记杨忠致辞

本次“南朝石刻的临摹写生与传统雕塑的保护人才培养”高级研修班是国家艺术基金支持的艺术人才培养项目，旨在为传统石刻艺术的研究与保护探索新路径，为传统雕塑艺术领域创新性复合型人才的发掘与培养拓展新方法。希望作为项目承办单位的南大雕塑艺术研究所能够不忘初心、牢记使命，发扬爱国为民、崇德尚艺的优良传统，以大爱之心育莘莘学子，以大美之艺创传世佳作，努力培养“德智体美劳”全面发展的高层次艺术人才。

同时，也期待每一位学员都能从“嚼得菜根，做得大事”的南大校风中吸收养分，从“诚朴雄伟，励学敦行”的南大校训中汲取力量，在这里学有所得，业有所成。以形神兼备的气质和卓尔不群的风骨，坚定文化自信，把握时代脉搏，聆听人民声音，为传承和弘扬中华优秀传统文艺，为记录新时代、书写新时代、塑造新时代不断贡献自己的汗水与才智！

江苏省文学艺术界联合会主席章剑华致辞

章剑华主席从“传统”“雕塑”“人才”三个关键词谈起，认为本次项目的开展能传承和弘扬中华优秀传统文化，能推动江苏雕塑艺术事业的发展。南京大学由吴为山教授领衔组建雕塑艺术研究所，随后又在全国率先成立江苏省雕塑家协会，并且每年举办“江苏雕塑月”，雕塑艺术在江苏得到了系统全面的发展。这次培养人才项目意义重大，“盖有非常之功，必待非常之人”。我们的艺术要继承，要传播，要弘扬，要壮大，需要培养保护和传承传统优秀文化的创新型艺术人才，为全国全省的文化艺术作出新的贡献。

他指出基金项目的主题是“南朝石刻的临摹写生与传统雕塑的保护人才培养”，其实就是保护优秀传统文化。高研班的主题是临摹南朝的石刻，这种临摹是意象型、创新型的，要求大家一方面临摹，一方面进行创作、创新和创造。各位在成为保护人才的同时，更要努力成为创新型人才。雕塑艺术要随着时代的发展，在传统艺术的基础上不断创新。不光要创新，还要有创意。

现在文创艺术强调要继承传统，要弘扬壮大，这不光是工业性的问题，还必须注重艺术性、社会性、产业性。尤其是像雕塑这样的艺术形式，它既是一种艺术，也可以成为产品，甚至可以培育成产业。雕塑应该走进家庭，走进城市，让人们在享受雕塑艺术的过程中受到艺术的熏陶，并且提升家庭和城市的品位。当然，发展产业并不仅仅为了获得经济效益，更是为了有效地使艺术文化走进社会，实现传播，提升国家与民族的文化软实力。

江苏省教育厅副巡视员袁靖宇致辞

袁靖宇副巡视员发言表示，独特的大江大河大湖大海的人文地理优势，赋予了江苏美术创作生生不息的素材和源源不断的灵感。江苏是著名的水乡，水域面积占全省总面积的17%，这一比例为全国之首。一方水土养育一方人。长江的充沛豪情，黄河故道的历史悲情，黄海的澎湃激情，运河的千古幽情，太湖的秀美风情，秦淮河的婉约诗情，串场河的纯朴深情，造就了底蕴深厚、文脉绵长、青蓝相继、薪火相传、人才辈出的江苏。

雕刻艺术是中国艺术的瑰宝，六朝石刻体现了中国古代雕刻艺术的独特风貌。六朝石刻仪态夸张，表情奔放，昂首扩姿，颇有健步如飞之感。狮子作为陵墓石兽的主体形象出现在六朝，并从此奠定了后世一千余年陵墓石刻的主流要旨。六朝石刻是一个艺术整体，书法、雕塑、绘画等工艺技法杂糅，形成了六朝石刻的绚烂和辉煌。雕塑艺术的特色、风格、气派，是经济社会文化发展到一定阶段的产物，是成熟的标志，是实力的象征，也是自信的体现。当年，刘开渠先生领衔创作的人民英雄纪念碑浮雕，为我们留下了中国现代雕塑艺术的经典。今天在座的各位艺术家和老师，代表了中国雕塑艺术发展的未来。要按照习近平总书记提出的“立足中国、借鉴国外，挖掘历史、把握当代，关怀人类、面向未来”的中国特色哲学社会科学构建思路，重构当代中国美术及教育体系，在指导思想、学科体系、学术体系、话语体系等方面充分体现中国特色、中国风格、中国气派。

此次人才培养项目是传承中国艺术传统，光大中国艺术精神，推动中国艺术教育迈向新时代的具体实践。期待高研班学员初心不改，砥砺前行，为中国雕塑艺术的发展奉献自身的力量，为传承和弘扬中华优秀文化贡献智慧和血汗。

开班仪式后，有关领导嘉宾和高研班全体学员合影留念，赖永海教授作了题为“中国佛教文化艺术”的精彩讲座。

开班仪式现场

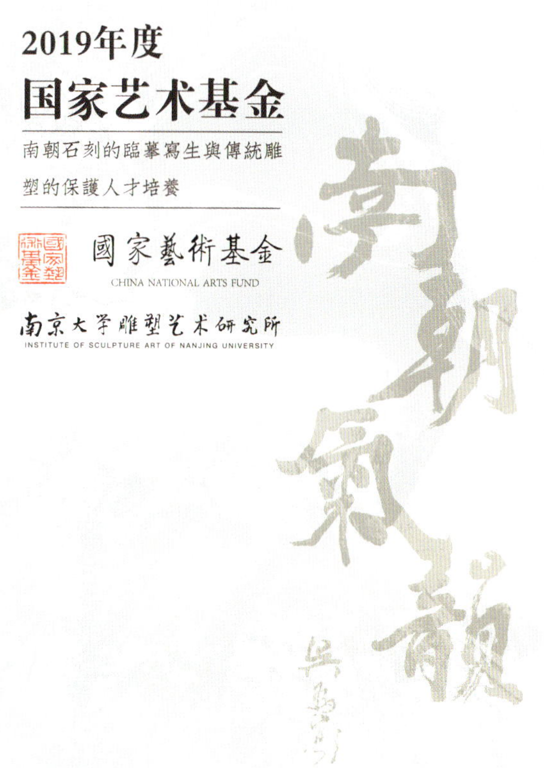

项目海报

开班仪式现场

南京大学文科资深教授、南京大学中华研究院院长赖永海出席开班仪式并作讲座

2019年度

國家藝術基金

CHINA NATIONAL ARTS FUND

南朝石刻的临摹写生与传统雕塑的保护人才培养文献集

专家课程

南朝石刻的临摹写生与传统雕塑的保护人才培养师资简历

姓名	工作单位	职称	职务
吴为山	中国美术馆	教授	全国政协常委，法兰西艺术院通讯院士，中国美术馆馆长，中国美术家协会副主席，中国城市雕塑家协会主席，南京大学教授、博士生导师，享受国务院政府特殊津贴专家
赖永海	南京大学	教授	南京大学文科资深教授、博士生导师，中华文化研究院院长
章剑华	江苏省文学艺术界联合会	教授	国家一级艺术监督（正高级）、教授、博士生导师
贺云翱	南京大学	教授	南京大学历史系教授、博士生导师，文化与自然遗产研究所所长
张朋川	苏州大学	教授	苏州大学教授、博士生导师、博物馆馆长、艺术研究院名誉院长
廖　军	苏州工艺美术职业技术学院	教授	苏州工艺美术职业技术学院原院长、教授、博士生导师，江苏省雕塑家协会副主席
张　亮	南京大学	教授	教育部长江学者（青年学者），南京大学研究生院副院长，兼任中国马克思主义哲学史学会常务理事、江苏省马克思主义理论研究会副会长、江苏省哲学学会常务理事、江苏省中国特色社会主义理论体系研究中心特聘研究员
邵晓峰	中国美术馆	教授	中国美术馆科研部（筹）负责人，中国美术馆公共教育专家委员会委员
汪　萍	南京大学	教授	南京大学艺术学院党委书记
李　鹤	清华大学	教授	清华大学美术学院党委副书记、教授、博士生导师
陈　亮	南京师范大学	副教授	南京师范大学美术学院副院长、副教授，江苏省雕塑家协会常务理事
鲍海宁	鲁迅美术学院	鲁迅美术学院雕塑系主任	辽宁省美术家协会理事，雕塑艺委会副主任
尹悟铭	南京艺术学院	副教授	南京艺术学院美术学院副院长，江苏省雕塑家协会理事，江苏省青年美术家协会雕塑艺委会主任
尚莲霞	南京大学	副教授	南京大学艺术学院美术与设计系副主任
李烜峰	东北师范大学	副教授	东北师范大学美术学院雕塑系主任，中国雕塑院青年雕塑家创作中心副主任
任艳明	南京大学	所长助理	南京大学雕塑研究所所长助理兼创作部主任，中国城市雕塑家协会理事，江苏省雕塑家协会常务理事
尚　荣	南京大学	副教授	南京大学哲学系副教授，中国城市雕塑家协会副秘书长，江苏省雕塑家协会副主席兼秘书长
律　广	福建师范大学	副教授	福建省城市雕塑家协会会长，福建师范大学雕塑研究所所长
陈　健	南京大学	助理研究员	南京大学艺术学院教师，江苏省雕塑家协会理事
孙　欣	安徽大学	美术评论家、策展人	《中国书画》杂志社编辑，《中国书画》杂志社书画院副秘书长
朱　剑	扬州大学	副教授	扬州大学新闻与传播学院副教授，中国艺术研究院博士后
陈国栋	南京威布三维科技有限公司	技术工程师	技术工程师

南朝石刻的临摹写生与传统雕塑的保护人才培养专家课程概要

吴为山

全国政协常委、中国美术馆馆长、中国美术家协会副主席、法兰西艺术院通讯院士吴为山教授，围绕现场雕塑写生示范，以雕塑创作构成和技法内在联系为轴线，结合多学科相关因素，展开理论讲座。

吴为山教授从南朝石刻弧面的空间构成讲起，以拱桥物理力学空间类比，阐述传统雕刻的视觉张力、艺者智慧和艺术生命。从“对景写真”与“师古人、师造化”的不同视角，从理论的高度深度剖析了中西方艺术语言表现的区别，强调线条的表现力在中国传统造型史中的地位和特性，论证了书法与雕塑创作的文化渊源，梳理了时代精神和民族文化与雕塑艺术表现的逻辑关联，简要阐述了中国雕塑流变史及其对现代化雕塑建设的重要意义，同时和学员分享交流了项目开展以来的学习感受和体悟心得。

吴为山教授在示范过程中结合个人艺术经验讲授了雕塑的塑造及艺术语言呈现方式，通过最直观、最深刻的现场示范型讲授方式将知识传递给每一位学员，亦实现了讲座实效性价值的最大化。

赖永海

南京大学文科资深教授、博士生导师，南京大学中华文化研究院院长赖永海教授以“中国佛教文化艺术”为题，基于思想史、文化史和宗教学、艺术学的视野，以断代的方式简述了中国佛教艺术的发展历史。立足于佛教中国化的大背景，将佛教艺术发展置于历史观的整体中进行考察，关注艺术与文化背景的关联，反映佛教艺术在中华文化历史图景中的整体风貌。

赖永海教授着重介绍了南北朝时期的佛教艺术。他指出在南北朝时期，为了安定和疏导社会动乱所带来的民心浮动，佛教得到了统治阶层的支持，本着“不依国主，则法事难立”的主张，“帝王即佛”的思想得到了时人的普遍接受。佛教艺术作为佛教文化的一个重要组成部分在长江南北、黄河东西的广大地域进入了一次发展高峰期。

石窟的开凿，寺院的建立，文人画家的进一步参与，使得这一时期的佛教艺术作品数量变多、质量提高，在整个艺术史中占有举足轻重的地位。南北朝时期佛教艺术在保留外来艺术题材和表现手法的基础上，进一步汉化，雕塑造像“秀骨清像”的魏晋风貌得以巩固，“面短而艳”的盛唐气象开始萌芽。

章剑华

江苏省文学艺术界联合会主席，国家一级艺术监督、教授、博士生导师章剑华以“文化建设与文艺创作”为题，带领项目高研班学员进一步深入学习习近平文艺思想，提升青年雕塑艺术家的理论思想素养。

章剑华主席结合党的十九大精神以及习近平总书记文艺座谈会讲话，从文化的定义、文化的传承、文化的建设等几方面作了深入论述。讲座以“广而博”“精而深”“专而新”的特点，对习总书记的讲话和文艺思想进行了阐述和解析，并且对文艺建设的方向，给予了独特思考和新颖论断，为学员们开拓新思路、提出新想法、寻找新方向给予帮助和引导。讲座内容涉及文艺理论、文物保护、文学创作以及书法理论与创作，深入浅出，娓娓道来。对于中外哲学与典籍文化均有涉及，且对中国传统文化的讲解，丝丝入扣。

章剑华主席还结合自身“故宫三部曲”“章草”等作品的创作经历，与学员们分享文艺创作的心路历程，期待大家通过研修班的学习，能够将创作放在中心位置，以作品说话，创作出一批“思想精深、艺术精湛、制作精良”的好作品，为新时代的文艺建设作出积极贡献。

贺云翱

南京大学文化与自然遗产研究所所长、历史系教授、博士生导师贺云翱教授以“考古视角下的六朝历史与文化”为题，从历史时代背景、社会发展面貌、思想文化成就等诸多方面，生动地讲述了六朝历史和光辉的南京故事。

他指出，过去学术界普遍认为该时期是中国历史上的一个分裂期，社会动荡，故称之为“黑暗时期”。然而，结合近些年考古学实证，发现这一时期是中国历史上一个重要的文化繁荣时期。六朝的出现是中国不同文化板块交互作用的结果，展现了中华文明体系复杂的运动机理。六朝改写了中国发展空间的格局，变革了原有文化的宏观结构，并拓展了其海外影响，创造了又一个中华文明高峰，尤其是为后来的隋唐盛世奠定了深厚基础。

贺云翱教授尤其强调六朝时期佛教的传播对当时的中国带来的深远影响，六朝文化具有显著的佛教文化痕迹，并且印刻在了南朝石刻艺术上。佛教文化涌入中国，改变了中国文化的旧结构，推动了本土道教的真正形成，才有了儒、佛、道文化的分立和融合。佛教入华带来了新思维、新思想、新语言、新文学、新行动、新力量、新学术、新建筑、新空间，其影响从中国辐射到朝鲜半岛和日本，是东亚文化的一次重大变革。

张朋川

苏州大学博物馆馆长、艺术研究院名誉院长、博士生导师张朋川教授以“模仿与创造”为题，深入浅出地解读了我国古代劳动人民的造物智慧，展示了各个时代的器物艺术特色。他提出工具材料、时尚审美、实用需求等因素推动了中国器物工艺美术的发展。

他指出，中国器物工艺美术在漫长的历史发展轨迹中，既有渐变式发展，又有突变式发展。而突变式的发展绝大部分是发生在材料以新代旧之时，手工艺人在运用新材料制作器物时，往往模仿用旧材料制作的器物的造型、肌理纹样和色彩运用。

但是由于造物的工艺材料不同，不可能长期照搬旧器物的样式。为便于新工艺的制作，也为了更适于功能需要，人们势必对器物的造型进行改动，甚至改变工艺制作方式。同时出于时尚审美的需要，人们经常用廉价的工艺材料去模仿高贵的工艺材料制成品，使工艺美术品为更广大的人群所接受和使用。

中国器物工艺美术在发展过程中有各式各样的模仿和借鉴，其中得失利弊难以言尽。择其成功者而言，只有那些进行改良创新适应天时、地利、人和的器物工艺作品，才能应运而生，开出新天地。

◎ 廖 军

苏州工艺美术职业技术学院原院长、教授、博士生导师，江苏省雕塑家协会副主席廖军老师，以“要传承更要创新——对新时代工艺美术发展的几点思考”为题，从自身经历出发向在场学员作主题讲座。他指出，要进行中国艺术的研究与创作必须下大功夫研究传统文化，通过对中华民族优秀传统文化的探究与学习来建立起文化自信，让自身的艺术创作充满新的生命力。

◎ 张 亮

南京大学研究生院副院长、博士生导师张亮教授以“漫谈习近平新时代中国特色社会主义思想”为题作学术讲座。他从“习近平思想的提出为什么意义非凡”“习近平思想的丰富内涵”“习近平关于文艺的论述”三个方面阐述了自己的观点。

张亮教授从《中国共产党章程》谈起，阐述了我们党从 1943 年到 1945 年提出确立的“毛泽东思想”，又从十四大到十九大步步走来，将习近平新时代中国特色社会主义思想写入党章，明确了我们党以巨大的政治勇气和强烈的责任担当，提出一系列新理念、新思想、新战略，推动党和国家事业发生历史性变革。又以习近平新时代中国特色社会主义思想概括起来就是“八个明确”来指出中国特色社会主义最本质的特征是中国共产党的领导，中国特色社会主义制度的最大优势是中国共产党的领导，党是最高的政治领导力量。并提出新时代党的建设总要求，突出政治建设在党的建设中的重要地位。

同时，他围绕习近平 2014 年 10 月 15 日在文艺工作座谈会上的讲话，强调文艺要反映好人民心声，就要坚持为人民服务、为社会主义服务这个根本方向。这是党对文艺战线提出的一项基本要求，也是决定我国文艺事业前途命运的关键。以人民为中心，就是要把满足人民的精神文化需求作为文艺工作的出发点和落脚点，把人民作为文艺表现的主体，把人民作为文艺的鉴赏家和评判者，把为人民服务作为文艺工作者的天职来强调，继承和发扬中华民族优秀传统文化，坚持和弘扬民族精神。

◎ 邵晓峰

中国美术馆科研部（筹）负责人，中国美术馆公共教育专家委员会委员，南京林业大学艺术学院教授、博士生导师，美术与设计研究中心主任邵晓峰从追溯中国美术馆的历史渊源和雕塑展的特殊性入手，以“中国美术馆近年雕塑展中的学术创意”为题，与全体学员分享了策展过程中的三点重要学术创意。

一、全面呈现中国百年雕塑的发展脉络和重要成就；二、艺术论坛推动雕塑研究的发展，总结雕塑大展对于中国百年雕塑研究的筑基价值；三、为英模和劳模塑像，实现雕塑艺术大展的社会服务功能与学术延展。他从历史与学术的高度，将中国美术馆馆藏以及十家其他单位、机构收藏当代创作的 590 余件（套）雕塑作品分以砥砺铭史、塑魂立人、时代丰碑、匠心着意、多元交响、文心写意、溯源追梦七个篇章进行学术梳理、实证研究，结合代表性的历史文献与图像资料，全面呈现中国百年雕塑的发展脉络和重要成就。

百年雕塑大展创新性地首次使用 3D 扫描技术全方位复制、展示了人民英雄纪念碑浮雕模型。以贺中令《白山魂》、钱绍武《阿炳》、田金铎《走向世界》等雕塑作品为例，生动形象地展示了材料语言在表现主题性创作中的作用和价值。

◎ 汪　萍

南京大学艺术学院党委书记汪萍教授对来自全国各地的 30 位学员发表了热情洋溢的讲话。讲话围绕南京大学艺术学科发展的渊源文脉展开，1906 年两江师范学堂正式设立了图画手工科，成为中国近现代美术教育的开端；再经历江苏省立艺术专科，并入第四中山大学教育学院，改成艺术教育专修科；到 1928 年第四中山大学正式更名为国立中央大学，内设教育学院艺术专修科；后 1998 年成立的南京大学雕塑艺术研究所，是在中国高等教育改革大好时期，综合性大学实施艺术教育的前提下建立的。2003 年美术研究院成立，2017 年，南京大学艺术研究院与美术研究院合并成了艺术学院。在传统艺术的积淀中，新的艺术学院具有理论与实践结合、科研与教学并重、学术交流活跃、学科特色鲜明的新特点。

汪萍书记简要阐述了六朝石刻在中国艺术史上占有极其重要的地位，表示“南朝石刻的临摹写生与传统雕塑的保护人才培养”项目是集专家理论教学、创作实践指导、艺术成果展演于一体的多方位、深层次、系统化的培养体系。她对此表示祝贺与支持，并寄予厚望。

◎ 李　鹤

清华大学美术学院党委副书记、博士生导师李鹤教授在教学现场，以“创作写生”为专题，讲述自己对雕塑创作的看法。李鹤教授结合自身多年的研究教学经验，从雕塑写生创作的基本规律和历史发展的脉络两方面进行概述，从而引出三个话题：基本形体、观察方法和塑造手法。对头像写生的基本特征、认知方法等进行具体的示范和讲解。

李鹤教授指出，雕塑并非自始而生，而是形体逐步准确的过程，提醒全体学员注意其观察方法是否与自己之前掌握的方法一致，强调观察方法在雕塑创作中的重要性。李鹤教授针对当下泛雕塑化和观念艺术等艺术现象，以蹲马步为例，喻之以理，分析雕塑专业教育和艺术创作市场的现状及其存在的问题，深入剖析了雕塑本体性认知对于雕塑专业学习的重要意义。

通过近三个小时的示范演示以及理论讲述，李鹤教授详细展示了雕塑创作写生的方法及具体步骤。他从空间归纳的基本型讲起，对观察方法的高点、低点，截面观察方式等进行了全面解读，同时强调雕塑的整体性体块空间，对低点的“三角地带”进行系统讲授，并将绘画优劣的品评方式作为参照。

◎ 陈　亮

南京师范大学美术学院副院长、副教授，江苏省雕塑家协会常务理事陈亮作了题为“纯粹的意义——意大利文艺复兴早期的多纳泰罗”的学术讲座。讲座以他工作后从事的第一件雕塑项目《多纳泰罗的骑马像》的创作经历入手，探讨了文艺复兴早期艺术大师多纳泰罗的传奇人生。

他指出强调精神具有革命意义之美的多纳泰罗作为 15 世纪最杰出的雕塑家，在世界上产生了非常大的影响。他以雕塑与绘画的对比，分析了文艺复兴早期的凡・艾克兄弟、罗伯特・康平、乔尔乔・瓦萨里等中世纪油画大师的作品。随后以多纳泰罗早期、晚期的作品详细剖析了多纳泰罗的艺术特点。他认为多纳泰罗的《大卫》《圣乔治》等雕塑作品，更多的是一种外象创新和现实描写的结合。而《圣母领报》等传统意义上的浮雕一般是体现了写实的高浮雕变浅浮雕的过程，《希律王的宴会》中层次细分的透视浮雕、人物与背景之间的关系、多层建筑物之间的透视都展现出多纳泰罗对空间及画面超出常人的把控与掌握。最后，陈亮副院长对多纳泰罗作品的革命性体现进行了概括性总结。

鲍海宁

中国城市雕塑家协会秘书长、辽宁省美术家协会理事、雕塑艺委会副主任、鲁迅美术学院雕塑系主任鲍海宁教授对全体学员的雕塑作品进行了现场辅导和点评，并从理念、构图和造型语言及塑造方式等方面对每位学员的近期创作进行分析点评。同时结合个人艺术经验讲授了传统雕塑题材的塑造及视觉呈现方式，并且一一回答了学员们的提问。“南朝石刻的临摹写生与传统雕塑的保护人才培养”项目已开展一个多月课程，经过创作实践课程的积累，学员们已经集结了三十余件作品，他们积极邀请鲍老师给予点评和创作指导。在现场，鲍老师不辞辛苦，对每一位学员的创作进行悉心指导，并从创作立意、题材选择、材质表现、形式语言等方面，进行了具体点评，并提出修改方案和建议。鲍老师带来的授课内容正是学员们在创作过程中急需了解的知识，对本届人才培养项目目标的实现起到了积极作用，每个学员都收获良多。

尹悟铭

南京艺术学院美术学院副院长、副教授，江苏省雕塑家协会理事尹悟铭老师从自身创作的经历和感受出发，追溯现代雕塑体系艺术语言的嬗变脉络，并以此为视角开展理论讲座。

尹悟铭副院长以“古代传统艺术的特点”“中国传统写意精神”“写意雕塑——中国当代语境”“在创作中体会雕塑写意性”“‘大朴不雕’——自谈艺术创作感受”五大板块向全体学员阐释了其对雕塑本体性的认识与理解，分享了自身创作的体会，阐述了时代与艺术、雕塑与绘画的紧密关系，深度剖析了汉代霍去病墓组雕《马踏匈奴》《伏虎》等中国传统雕刻艺术，分析了石雕背面与正面的位移关系以及线刻纹理和随石赋形的塑造手法。

尹老师还结合吴为山教授的写意雕塑研讨会的主题，联系俄罗斯美术家协会主席安德烈·科瓦尔丘克，意大利中意当代艺术协会主席邱艺，中央美术学院院长、中国美术家协会主席范迪安，意大利艺术研究院雕塑院院长安东尼奥·第·托马佐等对吴为山写意雕塑的高度评价，就“吴为山雕塑的人文情怀”和“写意雕塑的世界性”两大主题，阐述了吴为山写意雕塑理论的当代价值。

尚莲霞

南京大学艺术学院尚莲霞副教授以“陵墓神兽雕塑的题材处理与艺术风格”为题，从陵墓神兽题材的发展变化及其所表现出来的不同艺术风格进行分析和讲解。一、中国古代艺术传统中龙、凤形象作为陵墓随葬品中通天地的工具，又是人们幻想死后升天的助手。二、战国以来，由青龙、白虎、朱雀、玄武构成“四灵”。三、天禄、辟邪是以外来的狮子为依托，在南北朝时期逐渐成为陵墓神兽主题。神兽题材通过“翼化”、夸张等艺术手法的表现，共同促进了中国陵墓神兽这一纪念艺术类型的发展。这些陵墓神兽体积庞大、凝重厚硕，立于天地之间，成为古往今来现世与往生之间的联系和承载，他们的造型必须夸张、蓄势待发。

以南京及其周边地区为代表的南朝陵墓石刻受到秦汉神兽及外来艺术的影响，形成了雄浑矫健、古拙挺拔的夸张风格，它与北方石刻交相辉映，南朝也成为上承秦汉、下启隋唐的石刻艺术发展的重要阶段。南朝陵墓神兽雕塑充分展示了如何在凝重厚硕的石材上雕刻出流畅而灵动的动势造型，如何在有限的尺度中实现自由挥洒的理想境界。这些也成为南朝石刻区别于其他陵墓石刻造型和艺术风格的独一无二的风格特质。

李烜峰

东北师范大学美术学院雕塑系主任、中国雕塑院青年雕塑家创作中心副主任李烜峰副教授围绕《八女投江》主题创作开展了理论讲座并现场示范全身人物肖像实践专题课程。

课程一开始，李烜峰老师向学员们系统地阐述了自己多年的写生、创作成果，并针对具体雕塑案例进行分析比较，分别围绕其大型题材作品《八女投江》，中国美术馆收藏作品《理想国·栋梁》《和谐之舞》，以及《我的双重性格》《无间道》等向学员们分享了其创作理念及实现路径。

在实践教学中，李烜峰老师对学员的南朝石刻题材作品进行了悉心指导。并在雕塑创作人物写生方面，进行现场示范教学。在进行人物全身像写生的过程中，他还与研修班的学员们积极交流互动，探讨如何通过塑造过程中形体结构的概括、归纳、强调和取舍，表达雕塑自身所应具有的张力。

任艳明

南京大学雕塑艺术研究所所长助理兼创作部主任、中国城市雕塑家协会理事、江苏省雕塑家协会常务理事、项目联系人任艳明老师，以南朝陵墓石刻考察研究概述为切入点，通过实地考察所掌握的图文资料，和学员们分享了他对南朝石刻独特造型语言的理解和感悟。他从南朝石刻有翼神兽的渊源谈起，主要介绍了两种学界广泛关注的观念：一种是南朝石刻受到古希腊、亚细亚等地区艺术的影响，其源头可追溯到亚历山大东征。另一种是中国有翼兽是中国本土祥瑞神兽，完全是中国古文明的结晶。林树中先生在《南朝陵墓雕刻》一书中说，南朝陵墓石刻的渊源最早可上溯到新石器时代的陶羊，主要来源为春秋战国时代青铜器中的有翼神兽，直接来源为汉代的陵墓石刻。任老师指出南朝时期虽然战乱纷繁，却是数学、宗教、技术昌盛的时代。通过对南京、丹阳、句容等地南朝石刻遗迹的考察，可以发现南朝石刻具有写实浪漫主义风格，数理技术的进步促使雕刻工具的改善，使南朝石刻大多为整块石料，而且石料的体积也比秦汉时期大得多，难度也高得多，这也从侧面印证了这一时期社会的进步。

尚　荣

中国城市雕塑家协会副秘书长、中国美术家协会雕塑艺术委员会委员、江苏省雕塑家协会副主席兼秘书长、南京大学哲学系副教授尚荣老师以“城市雕塑文化漫谈”为题展开讲座，主要从三个方面讲述了中国城市雕塑与中国传统文化的关系和内涵。他首先从文化谈起，文化是一个民族的血脉，是这一民族的人民共同的精神家园。中华文化的理念、智慧、气度、神韵，具有独特性和唯一性，是我们内心深处自信和自豪的根源所在。建立文化自信，是当前社会发展的时代吁求。其次，城市雕塑是城市精神和文化的重要载体。优秀的城市雕塑是一个城市、一个国家乃至一个时代的标志和象征。城市雕塑的特性与中国传统文化紧密关联，这种关联性主要体现在：中国城市雕塑倡导“中国精神、中国气派、时代风格”；中国人勤劳朴实的创造精神，自立自强的独立精神；中国文化崇德尚礼、兼容并包、深沉博大。最后，城市雕塑作为中国文化的载体，主要有四个特性：1、历史性。从历史的角度讲，城市雕塑凝固个人记忆、民族记忆、情感记忆和时代记忆。城市雕塑具有纪念碑意义，可以记述历史事件和历史人物，并以此记载历史的转折。如《人民英雄纪念碑》《孙中山》《侵华日军南京大屠杀遇难同胞纪念馆扩建工程组雕》《开荒牛》《永远盛开的紫荆花》《盛世莲花》等。2、标记性。优秀的城市雕塑往往成为一个城市的象征，又往往成为一个城市的地标。3、审美性。城市雕塑折射出高品位的艺术感召力。它反映的是一个国家、一个民族的审美风尚和艺术水准。4、公共性。城市雕塑是人民的艺术，其本质是国家意志、政府决策、人民意愿与艺术家创作的结合体。艺术只有为广大人民群众所接受、所享用，才能获得巨大的生命力。

◎ 律　广

福建师范大学雕塑研究所所长、副教授，福建省城市雕塑家协会会长律广以“福建石雕漫谈”为题开展理论讲座。

律广老师首先从福建的地理、文化特色和历史传承的角度进行分析，指出“八山一水一分田”的特殊地理环境促进了福建石雕的出现与繁荣；“三教合一”的文化包容性促进了福建石雕的丰富造型语言的形成；从南朝到现代的历史传承，造就了福建石雕精湛的雕刻技艺。律广老师着重介绍了福建石雕的历史，从南朝石雕猪到唐代的石马，从宋代的石翁仲到李周的石狮，均做了精要概述。律广老师还对石雕表面处理的机切面、火烧面、荔枝面、龙眼面、菠萝面等专业技法做了深入浅出的讲解。

他通过自身城市雕塑的创作经历清晰地阐述了这些肌理的内在原则与实施路径，它们既各不相同又相得益彰。此外，律广老师就 3D 打印技术在城市雕塑创作中的应用方法与在场学员展开经验分享，并且进行现场技术难题解答，主要对“什么造型适合石雕？什么造型适合锻铜？ 3D 打印适合什么类型的雕塑？不锈钢如何保持颜色的持久？”等关键性问题进行了解答。

◎ 陈　健

南京大学艺术学院教师、中国雕塑院青年雕塑家创作中心特聘雕塑家、江苏省雕塑家协会理事陈健老师以“主题性雕塑创作”为题展开专题讲座，并进行雕塑创作演示。关于主题性雕塑创作，他结合多年实践创作经验及理论研究成果，讲了三点看法：一、雕塑创作的内容、题材与艺术表现形式的统一。主题性雕塑创作的内容相对固定，如何选择一种恰当的表现手法就显得尤为需要，因为内容与形式的完美统一是一件艺术作品成功的关键。二、当代雕塑创作应当从中国传统文化中汲取营养。中国传统文化博大精深，当代艺术工作者应当从中吸取充足的养料，借鉴继承传统文化精髓，大胆创新、勇于实践。从传统书画、雕塑等艺术形式中寻找灵感，并结合时代特点与时俱进。三、雕塑形式语言的探索与创新。源于西方的严谨的解剖知识课程与系统的训练课程是每一位雕塑工作者必须上的基本功课程，但并不是雕塑创作的唯一路径。东方人特有的精神品质及深厚的文化素养完全可以生发出独特的艺术语言，我们应当充满文化自信，悉心探索雕塑的表现语言，努力寻求一种既有独特东方韵味，又有鲜活表现力的形式语言。

◎ 孙　欣

《中国书画》杂志社编辑、《中国书画》杂志社书画院副秘书长、美术评论家、策展人孙欣以“数字化时代个体美学的潜古面向”为题开展理论讲座。

孙老师首先介绍了她对“古”和“潜古”的独特理解。系统而相对稳定的中国传统文化之所以从未中断、至今不绝，恰恰是因为其千年不移的动态化调试进程。艺术作为传统文化的视觉形态在不同文化语境中持续发生着变异，与不同时代特质渗透、互融，形成一条精神卓绝的文化巨链，承递着往昔的人文经验。片段的经验虽为文化遗存，不可复现，但它留给后来者一扇扇思接千载之门以弥合历史间距，达成深远的精神邂逅，而它自身则等待鲜活的观念、语言唤醒，等待被更新、再造的命运。

孙老师运用个案研究的方法着重介绍了她从潜古的角度对吴为山教授写意雕塑精神的研究。她认为吴为山教授雕塑作品中的潜古反映的是在市场经济消费主义的冲击下社会价值观的变迁。于 20 世纪 90 年代，吴为山就创作了一系列古代先贤和文化名人塑像，试图借助雕塑语言来传承中国博大精深的传统文化。

朱　剑

扬州大学新闻与传播学院副教授、中国艺术研究院博士后朱剑老师以“中国古代美术中的死亡、生命和欲望”为题进行了学术讲座，讲座分为三部分，即中国古代美术中的死亡、生命和欲望。

第一部分主要讨论秦汉至晋唐美术作品中与死亡有关的问题，其中墓葬艺术以及其中蕴含的观念是重点。通过考察这一时期墓葬艺术的空间结构和内容，来揭示墓葬设计、装饰及随葬品之间的潜在逻辑关系，折射出彼时的社会关系、历史和记忆、宇宙论以及宗教信仰的特点。

第二部分主要讨论原始宗教、佛教和道教的生命观及其对中国古代美术的影响，其中道教生命观与中国古代美术的关系是重点。通过分析中国美术史上的相关图像和作品，阐述了隐藏在表现内容、观看形式、构图特点以及创作过程背后中国人对现实生命、对身体的关注，揭示中国人追求生命永恒的生命观。

第三部分主要讨论文人画审美标准流变所反映出的彼时知识分子的内在欲望，其中权力欲对审美评价标准的影响是重点。通过辨析文人画诞生之后审美权力与政治权力意识、道德权力意识、经济权力意识、法律权力意识和宗教权力意识之间的关系，以及审美权力在文人画发展过程中的合法性运作，揭示文人画审美标准流变背后的古代社会帝王、贵族、士大夫和商人四种不同社会集团的权力博弈过程，进而指出权力欲在其中发挥的重要作用。

陈国栋

南京威布三维科技有限公司技术工程师陈国栋以“数字雕塑”为题向高研班学员分享了前沿科技与艺术创造力之间的紧密联系。

陈国栋工程师指出，新兴的数字雕塑是传统雕塑艺术和数字造型技术相互融合的产物，它既是数字技术的拓展，也是雕塑技术的分支。他还讲述了如何借助三维扫描技术和三维打印技术将雕塑艺术“数字化”，以及如何通过数字技术对传统雕塑进行传承、保护和发扬，帮助雕塑家进行数字雕塑革命。

讲座主要内容：一、数字雕塑的发展背景和改革目标；二、三维扫描技术的原理介绍，三维扫描仪的产品分类和特征；三、如何选择适合雕塑行业应用的三维扫描仪以及如何运用三维扫描仪获取雕塑的三维数据；四、三维扫描技术在雕塑领域的应用案例；五、三维打印技术的原理介绍，三维打印机的产品分类和特征；六、如何选择适合雕塑行业应用的三维打印机以及如何运用三维打印机实现雕塑模型的快速成型；七、三维打印技术在雕塑领域的应用案例；八、探讨数字网络条件下三维扫描技术和三维打印技术为雕塑创作和流程带来的变化、创新和发展。

2019年度

国家艺术基金

CHINA NATIONAL ARTS FUND

南朝石刻的临摹写生与传统雕塑的保护人才培养文献集

文化考察

南朝石刻的临摹写生与传统雕塑的保护人才培养文化考察

南朝陵墓石刻考察调研纪要

学员们在导师组带领下奔赴丹阳、南京等地考察南朝石刻

南朝石刻是指南朝皇帝和王侯陵墓前的神道石刻。这些岿然长存1500年的南朝陵墓石刻全部在江苏省内，共有44处。南京栖霞区原址保存南朝陵墓石刻11处，南京江宁区原址保存南朝陵墓石刻8处，镇江丹阳市原址保存南朝陵墓石刻12处，镇江句容市原址保存南朝陵墓石刻1处，另有从原址迁移到博物馆等新地点保存的南朝陵墓石刻共12处。南朝石刻主要有两种类型：一是帝王墓前的麒麟、天禄，两者主要区别在于麒麟是独角，天禄是双角（主要分布在丹阳）；二是王侯墓前的石兽，通称辟邪，为有翼狮形异兽（主要分布在南京栖霞、江宁）。

2019年度国家艺术基金“南朝石刻的临摹写生与传统雕塑的保护人才培养”项目，在项目负责人尚莲霞副教授，导师组任艳明老师、陈健老师带队下，全体学员于7月16—17日开展了对南朝陵墓石刻的集中考察调研。学员们先后赴丹阳、栖霞、仙林、江宁等地，针对15处现存的典型南朝石刻遗迹进行了细致考察，实地收集、记录第一手图文资料。

长期以来，关于南朝石刻有翼神兽的源头一直存在两种争议：一种说法是，南朝石刻受到古希腊、亚细亚等地区艺术的影响，其源头可追溯到亚历山大东征。亚历山大征服亚细亚、波斯、印度等国，将古希腊文化带到这些地方，并随着孔雀王朝与中国佛教的频繁交流、东南亚与中国海上繁荣的贸易，古希腊、波斯、印度等地艺术逐渐渗透并影响了南朝手艺人的创作风格。另一种说法是，中国有翼兽是中国本土祥瑞神兽，完全是中国古文明的结晶。林树中先生在《南朝陵墓雕刻》一书中说，南朝陵墓石刻的渊源最早可上溯到新石器时代的陶羊，主要来源为春秋战国时代青铜器中的有翼神兽，直接来源为汉代的陵墓石刻。这两种说法一直并存，而且都存在诸多疑点。

在丹阳，项目组考察了陵口镇的南朝陵口石刻，荆林乡三城巷的南朝梁文帝萧顺之建陵、南朝齐明帝萧鸾兴安陵、南朝梁武帝萧衍修陵、南朝梁简文帝萧纲庄陵，胡桥山伯塘湾鹤仙坳南麓的南朝齐景帝萧道生修安陵，金家的金王陈失考陵（南朝齐废帝萧宝卷陵），建山乡前艾庙的南朝齐武帝萧赜景安陵。

在南京，项目组考察了南京炼油厂仙新路南朝梁吴平忠侯萧景墓，栖霞区甘家巷四队农田中南朝梁鄱阳忠烈王萧恢墓，南京炼油厂小学内南朝梁桂阳简王萧融墓，栖霞镇新合村狮子冲田野中南朝陈文帝陈蒨永宁陵，仙林大学城灵山路与学则路交界南朝梁临川靖惠王萧宏墓，麒麟门麒龙路与环城公路交界处南朝宋武帝刘裕初宁陵，江宁上坊乡石马冲农田中南朝陈武帝陈霸先万安陵。

盛夏的南京，酷暑难耐，面对暑热，大家团结一心、相互帮助，挑

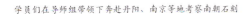

战并克服各种地形、自然状况所带来的困难，在乡村田野里相互学习，合作交流，以蓬勃的探索热情，顺利完成考察学习计划。通过对南朝陵墓石刻现存遗迹的实地考察调研，学员们收集了第一手资料。陵墓前的天禄、辟邪等神兽所体现出的诡异抽象风格，是对原始图腾、楚汉浪漫风格的继承，具有超越事物表象、连接天地的咫尺万里之势，对学员们后期的雕塑创作起到了启发作用。

学员们在导师组带领下奔赴丹阳、南京等地考察南朝石刻

南京栖霞寺考察纪要

随着项目高研班考察调研课程的逐步开展，为进一步充实课堂理论知识，增加学员们对南朝雕刻技艺的了解，开拓学员们艺术创作的视野，根据教学计划，全体学员在任艳明与陈健两位老师的带领下于 7 月 19 日赴南京市东郊栖霞寺进行南朝佛教造像艺术的考察。

项目组学员抵达栖霞寺，受到寺院的热情接待。在栖霞古寺监院净善法师的引领下，高研班考察团一行先后参观了寺院明征君碑、天王殿、毗卢宝殿、实物资料陈列展厅、舍利塔，以及千佛岩。“一座栖霞山，半部金陵史。”栖霞寺位于南京市栖霞区栖霞山中峰西麓，三面环山，北临长江，是中国四大名刹之一，佛教“三论宗”的发源地，南北朝时期中国的佛教中心。唐代时称功德寺，规模浩大，与山东长清的灵岩寺、湖北当阳的玉泉寺、浙江天台的国清寺，并称天下四大丛林。

参观过程中，学员们多次向监院净善法师请教。通过与各个具有代表性的寺庙建筑和石刻造像的近距离接触，学员们对寺院历史以及雕刻文物保护情况都有了深入的了解，更为近现代以来高僧大德爱国护教的精神所感动，对栖霞寺佛教艺术所折射出的匠人精神感触良多。通过此次考察，学员们深刻感悟到在中外文化的交流过程中外来文化与民族文化的融合和时代的审美精神，这对他们未来的创作大有裨益。最后，全体师生与净善法师于千佛崖石窟前合影留念。

栖霞寺净善法师为学员们介绍栖霞寺石刻造像

学员们在栖霞寺留影

六朝博物馆参观纪要

7 月 21 日，项目高研班的学员们经过对南朝石刻的田野考察以及对六朝历史的理论学习之后，又来到了南京六朝博物馆进行参观学习。该馆建于原六朝建康城遗址，是中国目前为止最全面的展示六朝文物的遗址博物馆，也是最系统的反映六朝文化的专题博物馆。该馆建筑面积为 2.3 万多平方米，其中，地下建筑面积为 1.1 万多平方米，地上建筑面积为 1.2 万平方米。六朝博物馆由世界著名建筑大师贝聿铭的工作室设计，体现了贝氏建筑模数、建筑几何与建筑光影融合的艺术风格，2014 年 8 月 11 日正式对外开放。

学员们在六朝博物馆留影

学员们参观六朝博物馆

整个六朝博物馆建筑可谓“秀外慧中”，不仅建筑设计十分有美感，而且功能十分齐全，很好地体现了传统与现代、历史与人文的完美结合。整个博物馆共分为四层，负一层主要展示了六朝时期的城市建筑和人民的衣食住行，陈列了出土于此地的古城墙遗址和六朝时期的城市排水系统。继续向上来到二层，这一层的主题围绕六朝文化展开，展厅设计凸显园林风貌，展厅内几乎没有实墙，而是用竹子、荷叶等植物置景进行隔断，再运用光影效果，使得馆内视觉通透、移步换景，令人恍如穿越千年，直面一件件文物背后的故事。

镇馆之宝之一的青瓷莲花尊，由仰莲和覆莲、单瓣和复瓣浮雕组合而成，应是与当时佛教盛行有关。《大乙救苦护身妙经》中便有救苦天尊步摄莲花之说，亦有为佛陀结跏趺坐讲经开释而设的莲座。可见佛教自两汉传入中国之后，世人就对其格外敬奉了，而“青瓷莲花尊”可能为当时行佛教之事或供奉佛堂时所用之物。很多六朝时期的典型器物，譬如人面纹瓦当和魂瓶，很好地展现了六朝的文化和独特工艺。

博物馆三层的主题为“六朝人杰”，展示了六朝时期的帝王将相、文学艺术成就、宗教发展等。展厅中的万箭齐发，展示的正是孙权与曹操之战的情景。学员们通过参观南京六朝博物馆，对六朝时期的历史、文化、经济发展和风土人情有了直观和全面的感受。如果我们将负一层的“六朝帝都”展览定义为博物馆的立馆之基，那么展出的一千多件六朝文物就是兴馆之魂。观众们在仿建的六朝房子里，坐在仿造的六朝时期坐榻上，听着六朝古音，欣赏千年文物，不仅能得到美的艺术享受，而且能体悟到厚重的历史文化。

苏州考察交流纪要

项目高研班全体学员在南京大学国家双创示范基地文创平台美术产研中心负责人尚荣的带领下，于 7 月 29—30 日赴苏州展开了为期两天的学术考察与交流学习。

苏州考察首站便是苏州金浦九号设计小镇，这是苏州地区首家专注于设计全产业链的艺术创意社区，占地面积约 90 亩，总建筑面积为 7.8 万平方米，共 12 栋建筑体。目前已吸引了近百家创意产业类企业入驻，汇集了近千名国内知名设计师，聚集了高度关联的多元文化创意企业，并致力于建设苏州特色文化产业生态圈。

学员们在苏州金浦九号设计小镇留影

学员们参观了小镇的进驻单位，对于传统技艺在产业区的转化有了直观的感受。在小镇报告厅，学员们聆听了苏州大学博物馆馆长张朋川教授题为“模仿与创造”的讲座。张朋川教授为大家简单梳理了其个人美术考古的成果，高清的图片配上风趣幽默的语言，深入浅出地解读了我国古代人民的造物智慧，展示了各个时代的雕塑艺术特色。

29 日下午，江苏省雕塑家协会副主席、原苏州工艺美院院长，苏州大学廖军教授以“要传承更要创新——对新时代工艺美术发展的几点思考”为题，从自身经历出发向各位学员作了以下讲解：要搞好艺术创作必须下大功夫研究传统文化，在临摹中学习，建立文化自信，才能让创新充满生命力。讲座结束后，学员们在廖军教授的带领下，分别到苏州十全街和光福调研学习了苏州的玉雕和木雕艺术工艺，走访了中国工艺美术大师蒋喜和钟锦德的工作室。两位大师现身说法，分别以自己的作品为例，讲解艺术创作过程中的传承与创新。

苏邦玉雕界首位中国工艺美术大师、国家非物质文化遗产（苏州玉雕）代表性传承人、研究员级高级工艺美术师蒋喜，通过展示两件完整的作品，讲述了一块玉料到一件成品的完整过程。其作品《云天下》，以和田玉籽料为创作原料，两面皮质天然而成，可见天地自有章法；上圆下方，蕴含

蒋喜大师向学员们介绍作品创作意图

中国古代朴素的宇宙观。学员们也深刻体悟到了苏州玉雕的精湛技艺。

国家研究员级高级工艺美术师、中国工艺美术大师钟锦德和学员们谈论了自己在创作过程中的感想，带领学员们参观了木雕工作室的作品。他指出，一件件木雕精品都离不开“阴阳雕、平面雕、高浮雕、透雕”等一系列专业技法的运用。创作木雕不仅要以出色的传统技艺为基础，更要不断扩充理论知识来支撑创作。大师们对待创作的严谨态度和信念，更加点燃了学员们的创作热情。

学员们在钟锦德紫檀艺术馆前留影

30 日上午，尚荣老师及高研班学员一行在李公堤项目总经理孙勇以及圆融艺术中心相关负责人的接待下，参观了金鸡湖美术馆、老子广场、青年雕塑家交流中心等机构景点。在青年雕塑家交流中心，金鸡湖文创街区负责人向各位学员介绍了李公堤文创街区的状况。学员们随后参观了由海内外著名学者共同打造的具有“开放性、国际化”视野的优秀传统文化研究传播平台——金鸡湖书院，含纳了中国名家雕塑群的老子广场，凭借砖雕、石雕和木雕而闻名的蔡云娣三雕博物馆，以苏绣闻名的姚建萍刺绣艺术馆，以及中国青年雕塑家交流中心等文化场馆、景点。

其中，中国青年雕塑家交流中心以全国政协常委、中国美术馆馆长、法兰西艺术院通讯院士吴为山教授为艺术总主持，在与中国城市雕塑家协会、江苏省雕塑家协会合作下，设置了互动型雕塑主题艺术场馆。在交流中心常年设置优秀艺术家雕塑作品展，为苏州人民呈现了一场场雕塑艺术盛宴。

下午，学员班一行前往甪直保圣寺考察。甪直保圣寺始建于梁代，距今已有 1500 多年的历史，其中“塑壁罗汉”闻名世界。除了塑壁罗汉，寺内还有众多古迹，如唐大中年间建、宋皇佑五年重立的尊胜陀罗尼经咒石幢，北宋遗存的幡竿夹石，明崇祯年间在宋代殿址上重建的天王殿，明末清初的古钟等。

苏州之行集参观考察、集中授课与访问交流于一体，学员们从不同的视角探索江苏精湛的雕刻技艺，更为深入地了解了江苏文化艺术的特点和风貌。此行不仅开拓了学员们的艺术视野，更激发了他们的创作兴趣。

学员们在苏州文化艺术中心留影

学员们在老子广场留影

学员们参观姚建萍艺术馆

学员们在青年雕塑家交流中心留影

学员们在保圣寺留影

南京大屠杀遇难同胞纪念馆参观纪要

“不忘历史，牢记使命”，为激发广大学员们的爱国热情，调动全体师生的创作热情，按照课程计划，项目高研班全体学员在课程导师朱剑副教授和项目组导师任艳明、陈健的带领下于 8 月 16 日走进南京大屠杀纪念馆，了解惨痛的历史，近距离接触纪念性雕塑的经典。此次高研班课程采用考察与理论讲座相结合的授课形式以及与名家大师经典作品直接对话的形式，产生了良好的教学效果，学员们深受启发。

《侵华日军南京大屠杀遇难同胞纪念馆组雕》是侵华日军南京大屠杀遇难同胞纪念馆的标志性雕塑，由《家破人亡》《逃难》《冤魂呐喊》《胜利之墙》四部分组成，贯穿纪念馆的参观路线，是国际著名雕塑家吴为山先生的代表作品之一。走进纪念馆，首先映入眼帘的是一尊《家破人亡》雕塑：受难的母亲怀抱着死去的孩子仰天长啸。这尊雕塑高达 12.13 米，寓意 1937 年 12 月 13 日日军发动南京大屠杀，如今已经成为纪念馆的一个标志性符号。紧接着，迎面而来的便是逃难的人群。雕塑的尺度比真人略大，逼真的群众形象，让人震撼，民族危难下民众的惨状被永久凝固……

学员们在南京大屠杀遇难同胞纪念馆留影

在考察过程中，三位老师为学员们深入讲解了相关作品的创作背景及理论知识，学员们反响热烈，深受鼓舞。吴为山教授“站在人类的高度”重大历史题材美术创作工程的构思立场，用艺术重抚历史、对话亡魂，深入史实深处，将自己的情感融入厚重的民族情感中等独特的造型理念和塑造方式给高研班学员留下了深刻印象，学员们对历史文化的弘扬、传统文化的保护发展和当代艺术创作也有了更加深刻的思考。

北京考察纪要

项目高研班全体学员于 8 月 19—21 日赴北京进行了为期三天的考察，得到了全国政协常委，中国美术馆馆长，南京大学教授、博士生导师吴为山的大力支持。赴京考察由项目负责人、南京大学艺术学院美术与设计系副主任尚莲霞、南京大学艺术学院教师陈健负责带队。此次考察与授课以理论讲授与实践演示相结合的方式开展，产生了良好的教学效果。与艺术名家、大师的直接对话，使学员们深受启发。

学员们在中国美术馆留影

8 月 20 日上午十时许，全体学员冒着烈日酷暑顺利抵达中国美术馆，参观了于中国美术馆庭院中永久陈列的精品雕塑，并观摩了正在展出的中国美术馆捐赠与收藏系列展“艺久情长——卢是百年诞辰美术文献展”、中国美术馆学术邀请系列展“我从长安来——邢庆仁画展”、中国美术馆对口支援西藏文化建设扶持项目“纪念西藏民主改革 60 周年‘雪域祥云——西藏布面重彩画展’”。在考察过程中，吴为山馆长为学员们深入讲解了相关作品的创作背景及理论知识，学员们反响热烈，深受鼓舞，被极大地激发了创作热情。

学员们在凤凰中心参观留影

随后，全体学员及带队教师乘坐大巴前往北京凤凰中心继续学习，高研班师生得到了凤凰中心的热情接待。项目组提前安排好了参观路线，凤凰中心方面派专职人员陪同考察并为学员们进行了详细讲解。在凤凰中心，高研班师生在中国城市雕塑家协会副秘书长秦春晖的带领下一同观看了正在展出的“超越时空的对话——吴为山雕塑作品展”。此次艺术大展以“超越时空的对话”为主题，包含了与历史对话、与现实对话、与西方对话、与精神对话、与凤凰中心对话等内容，凸显了建筑与雕塑空间构成的独特视角，展示了吴为山教授近三十年来创作的120余套（件）经典作品。课程考察开阔了学员们的创作视野，使学员们对空间的理解更加深入。

吴为山教授为学员授课

学员们参观中国雕塑院

吴为山教授为学员们作泥塑示范

考察的最后一站为参观了中国雕塑院及吴为山工作室。吴为山先生在工作室为学员们进行理论课程的讲授和现场雕塑写生示范。吴先生从南朝石刻弧面的空间构成讲起，以拱桥物理力学空间类比，阐述传统雕刻的视觉张力、工匠智慧和艺术生命。在“对景写真”与“师古人、师造化”的不同视角下，从理论的高度深度剖析了中西方艺术语言表现形式的区别，强调线条的表现力在中国传统造型史中的地位，论证了书法与雕塑研习的文化渊源。

吴老师梳理了时代精神和民族文化与雕塑艺术表现的逻辑关联，简要阐述了中国雕塑流变史及其对现代化雕塑建设的重要意义，同时也对各位学员几日来的考察课程进行了一次梳理、提问和总结。随后，吴为山教授在中国雕塑院工作室为学员们进行了造型示范。吴为山教授在示范过程中结合个人艺术经验讲授了雕塑的塑造及艺术语言呈现方式，并与学员们亲切交流。

北京之行的参观考察、集中授课学习内容丰富，安排紧凑，三天的集中观摩交流开阔了参训学员们的视野，激发了学员们的热情，提升了学员们的理念，增长了学员们的经验，受到全体学员的一致好评。了解学术前沿，与雕塑大师直接对话，更是使学员们对雕塑有了更深刻的认识，也为学员们下阶段的创作和总结打下坚实的基础。此次考察不仅使学员们学到了丰富的传统艺术视觉经验，也使学员们对自身的研究思考更加明晰，为学员们今后的发展提供了帮助。

学员们在中国雕塑院留影

2019年度

國家藝術基金

CHINA NATIONAL ARTS FUND

南朝石刻的临摹写生与传统雕塑的保护人才培养文献集

理论研究

雄浑高古 南朝气韵
——我看南朝帝陵石刻造像

文：吴为山（中国美术馆馆长）

摘要：陵墓雕刻是传承中华传统文化的一大视觉载体，在不同历史时期的墓葬文化及审美需求影响下，其形成了特定的造型样式和风格特征。大型陵墓雕刻肇始于汉代，南朝时期的代表作品代表了陵墓石刻的最高水平。其程式化的夸张风格超越事物表象，是承接汉唐之气的纽带，是时代赋予的符号。

关键词：南朝时期；帝陵石刻；夸张风格；程式化

艺术之始，雕塑为先。雕塑作为最古老的艺术样式之一，承载着人类社会的文明史，在雕塑的加与减、形与意和立体空间的经营之中蕴含着时代的精神和文化的印记，展示着人类发展创造的文明历程。追溯中国古代雕塑的发展史，传统雕塑艺术主要分布于三个领域：陵墓雕刻、宗教雕刻和民间艺术。其中，最具规模且与社会生活和时代政治紧密结合的，当属帝王陵的陵墓雕刻。陵墓雕刻肇始于汉初墓前的石人和石兽，盛行于崇尚升仙思想和厚葬文化的两汉之际，于南朝时期达到顶峰。

墓葬文化在中华传统意识形态和宗族观念中占据相当大的比重，传递着文化和时代记忆。中国古代社会一直崇尚灵魂不灭、生命轮回的观念，并产生了与之配套的一系列鬼神传说与世代轮回故事，继而逐步形成了祭祖和拜祖的习俗，以至厚葬逝者以求多福。画像砖的出现将汉代厚葬风俗推向一个高峰。与之相应，陵墓雕塑也随之盛行开来。“秦汉以来，帝王陵寝有石麟、石象、辟邪、兕马之属。人臣墓有石人、羊、虎、柱之类，皆丧饰坟垅，如生前侍卫。”[①]及至南朝，陵墓雕塑以都会南京和齐梁帝王故里丹阳最为典型，与北方雕塑的苍劲挺拔相比，南方的雕塑可谓多了几分飘逸俊巧，时出奇幻。南朝帝王陵雕刻主要包括石兽、石碑、石柱等，石刻形制大体相似，组合方式基本相同。石刻造像一般都设置于平地，石兽两两对称，那些辟邪、麒麟、天禄等肃然屹立于天地间，与神道石柱、龟趺石碑等陵墓附属物相比，其体量庞大、形态凝重、质感厚实，无论在整体造型还是局部细节的装饰设计上，都采取了夸张的手法，时时蓄聚着腾跃的视觉张力，仿佛权力附体于神力而永世长存。南朝石刻造像上承两汉，下启隋唐，其程式化的夸张风格介于秦俑的装饰写实风格和汉代石刻雄浑写意的表现之间，于客观物象的概括、抽象、整理中呈现有机几何体的倾向，雄浑之体兼具灵动之意。南朝石兽雕刻的雄浑与灵动开创了帝陵雕刻的新高度，形体的装饰意趣附着于体块表面，整体呈现气贯长虹的时代气韵。

二十世纪初期，中外学者喜龙仁、梁思成、滕固、朱希祖和朱偰父子等对于南朝石刻的造像已有诸多研究。近年来，在国家全面复兴传统文化政策的感召下，个人或团体以不同的方式掀起了探求南朝石刻瑰宝的浪潮。这不仅是对优秀传统文化艺术历史遗存研究的深化和完善，更是为未来中国的雕塑发展与公共雕塑建设提供了可资借鉴的参照。本文将南朝帝王陵石刻之美学精神和风格特质归纳为以下四个方面。

一、中外美学精神融合

南朝帝王陵石刻造像，如果从地域文化的特征来看，可以用两个关键词来概括：中外融合、传承创新。从造型的风格样式来看，南朝石刻雕塑融汇秦汉时期的造型语言，兼具秦俑的装饰化写实风格和汉朝石刻的雄浑大气；吸收了西方传统雕塑的特点，亚述和波斯帝国的美术特征显露无遗，从石兽的两翼与罗马柱式可看出端倪；同时，石刻碑座和装饰图案的莲花纹样，及其与经幢的同构性则佐证了印度佛教东传对南朝石刻造像的影响。现存遗迹，从武帝刘裕初宁陵神道石刻到永宁陵石刻，跨越千年，穿越时空，迈进田野，走入当下人民大众的社会生活之中，其美学精神在形制上呈现显著的民族化、中性化和融合性三个特征。

① 傅美琳：《中国风俗大辞典》，北京：中国和平出版社，1991 年，第 185 页。

1. 民族化

相较于前朝，南朝陵墓石刻体态高大，造型夸张，民族装饰化色彩浓重。从现有的石刻遗存来看，在南朝宋、齐、梁的发展过程中，其造型逐步走向高大、夸张和多样化，至南陈渐渐转向小巧繁复的纹饰造型。石兽造型中线的元素占有相当大的比重，这与中国传统书画的高度发达是密不可分的，其具有极强的绘画性，这也恰恰形成石刻造像的中国化特色。以南朝齐景帝萧道生修安陵的麒麟石刻为例，身长近三米、高约两米五的庞大石兽周身布满了装饰纹样，线条呈现重复、细密、集群化的特点。用装饰的线条塑造每个细节，具有强烈的装饰化意味。以中国画为代表的民族造型语言，将自然的客观物象提炼成二维空间线的表达，独具东方智慧和民族哲思。延伸到帝王陵石刻造像之上，就建构了南朝石刻装饰线条的独特风貌。同时，从空间上看，麒麟昂首阔步，挺胸向前，整体呈现气宇轩昂的生动气韵。在力量的表达上强调气的刻画，是民族美术的又一大特色。在麒麟的臀部，以龟背造型，传达出了在民族语境中，工匠对于神兽长寿与神力功能的刻画方式。在中国传统文化中，龟是长寿、吉祥的象征，将其造型融入石兽造型，独具匠心，呈现出了民族风情。

2. 中性化

到南朝，造型艺术风格已先后经历秦俑装饰写实和汉代石刻雄浑写意两大成熟时期，有着良好造型风格的积淀。石刻造型介于两者之间，具有中性调和的特点。在形态语言上，它吸收秦俑的写实手法和装饰表现，刻画的石兽形态接近于狮虎等客观物象；但同时打破了秦朝拘谨的塑造表现，汲取汉代霍去病墓组雕写意的刻画方式，营造出了雄伟壮阔的帝王气象。南朝陵墓雕刻较汉代更为完整和细致地刻画了石兽细节，石兽的四肢与鬃毛都刻画得清晰可见，在一定程度上中和了秦汉的造型风格特点。萧儋墓石兽遗存是最为特别的一个，其胸前和侧面有两只小的辟邪，是否为移来之物现在尚不可考。两只小辟邪腹部与四肢尚未镂空，融为一体，有汉代随石赋形之感。然而从塑造语言来看，其写实化倾向较为明显，硬朗的线条精准地描绘轮廓。从大的空间来看，石刻空间的营造，还将石兽与石柱结合起来，共同为帝王陵服务。

3. 融合性

南朝石刻造型不仅较好地融汇了商代抽象装饰和秦汉时期传统雕塑造型特点，并作出适当的中性化处理，其在融汇中外造型元素方面同样堪称成功的典范。“考古艺术之以石狮为门卫者，古巴比伦及阿西利亚皆有之……然而中国六朝石兽之为波斯石狮之子孙，殆无疑义。”[①]当前史料及考证表明，南朝陵墓雕刻之有翼兽造型源于亚述帝国宫殿内的石兽形象，后经波斯传入中国。当然，目前学界对此尚存诸多争议，本文姑且在此不做探讨。但就南朝石刻来说，有翼兽造像确系受国外影响无疑，外来造型元素与中国传统的装饰云纹相结合，呈现出中外融合的特点。在两翼的处理上，南朝石刻并没有按照波斯亚述有翼兽两翼伸张的形态处理，而是采取含蓄内敛、与整体雕像融为一体的团块化塑造方法，形成中性化的造型特征，在一定程度上符合中国传统儒家中庸文化。此外，南朝石刻之石柱的造像“样式之源可追溯到古典时期的希腊”[②]，石柱顶端的莲花底座造型与佛教文化亦有不解之缘，石碑中绘画与书法的融入，扩大了陵墓雕刻表现的视野。南朝陵墓雕刻继承传统原始朴拙意象和诡魅抽象的风格特质，汲取秦汉装饰写意雕刻造型之优长，广泛吸收海外造型元素，构筑了中国传统雕刻史上的一大高峰。

集民族化、中性化和融合性于一体的陵墓雕刻艺术，将古今中外的造型元素同构融合，是外来文化与本地文明的高度契合，而非简单的模仿，也是在本土文化高度自觉下的创新和创造。

二、帝陵石刻，时代地标

帝陵石刻的价值不仅在于反映墓主的生平、卓越功绩和那个时代的习俗礼仪，它还凝固着群体的情感和时代的记忆，是民族的符号。从历史角度来看，陵墓雕刻不是在南朝时期兴起的，早在秦汉时代仪卫就已然存在，至南朝和盛唐，陵墓雕刻工艺水平已达巅峰，从而形成中国传统雕刻史上的两大高峰。与西汉霍去病墓前铭记战争功勋、表彰将军凯旋的纪念性石兽雕刻不同，南朝的陵墓雕刻气势恢宏，是墓主人信奉事死如生的升仙思想、崇尚石兽通神的产物，是权贵的象征符号，兼有驱除恶邪通神守卫之功能。现有的南朝陵墓雕刻遗存是时代赋予建康古城六朝文化的活化石，是中华历史文化长河中的时代标志。

1. 文化高峰

继西晋永嘉之乱和衣冠南渡之后，中原文化重心南移，建康等南方城市逐渐成为代表时代最高水准的能工巧匠和贤能之士聚

① 梁思成：《中国雕塑史》，北京：生活·读书·新知三联书店，2011 年，第 52 页。
② 章孔畅：《南朝陵墓石刻渊源与传流研究》，南京：东南大学出版社，2011 年，第 107 页。

集之地。回望中国古代艺术史，魏晋南北朝时期是文化艺术观念自觉的一个时代，其基本的风格特质就是崇尚自然，顺乎自然，注重理性的哲学思辨和潇洒的自我表达，这就从客观上造就了南北朝文学艺术创新精神和创造意识的自觉。南朝陵墓雕刻的石刻神兽、石柱和石碑等在沿袭汉代传统的基础上，其创作理念、造型方式和帝王气象与前朝相比均有新的突破。“麒麟，传说中的神兽……其状如鹿，独角，蹄似马，尾如牛……鲁哀公十四年《春秋经》‘西狩获麟’，杜预注：‘麟者仁兽，圣王之嘉瑞也。’”[①]南朝石刻一改汉代以生活中客观存在的动物形象为原型的特点，转而选取神化了的麒麟、天禄和辟邪等理想的化身，创作题材已明显不同。在造型方式上，南朝石刻神兽体型庞大，形态夸张，躯体更为灵动，尤以丹阳帝陵之麒麟造像最为明显。神化的石兽昂首阔步立于陵墓前，更有助于帝王气势的震慑和君权神授理念的表达。从现存的南京栖霞、江宁和镇江丹阳的石刻遗存来看，在南朝诸代的发展过程中，有翼兽的器型逐步走向高大、夸张和多元，其装饰的纹样呈精细化趋势。雄浑磅礴的气势和稳若泰山的力量感，营造出肃穆威严的气场，体现了皇家贵胄的威仪和威慑力。全面革新的艺术形式和处理手法将南朝陵墓雕刻推向中华文化艺术发展的一大高峰。

2. 理念融通

北宋苏轼诗“诗画本一律，天工与清新”，以及“书画同源”对艺术表现同质异体的解读，都是构成中华文明的重要组成部分。雕刻艺术也不例外，作为大美术，其艺术理论和成像美学原理具有共通性。在南朝时期，艺术理论得到空前的发展，顾恺之提出的“以形写神、迁想妙得、骋怀观道”等书画理论主张对雕刻艺术的创作产生了深远的影响。风骨造像和骨法用笔在石雕领域得以彰显，追求作品整体性的夸张逸象，装饰的高贵华丽，甚至引入亚述、波斯等国外经典装饰图样，丰富雕刻的表现层次和作品的内涵。南朝陵墓雕刻打破艺术门类和区域文化的界限，融通并茂，于天地间求福禄驱邪，创造出符合时代诉求的艺术经典。据《南史·齐豫章文献王传》记载：宋文帝长宁陵“麒麟及阙形势甚巧，宋孝武于襄阳致之，后诸帝王皆模范而莫及也”。[②]在楚文化的滋养下，南朝石刻造型在颈部和躯体部位夸张拉长，与其时人们所追崇的清雅脱俗、卓荦不群相吻合，符合当时人物绘画“秀骨清像”的审美标准。

3. 科技水平

“从世界文明史发展进程看，纪念碑式的大型石雕艺术品都是铁器时代的产物。”[③]雕塑虽与其他艺术门类有诸多共性，但也有其个性的空间，它是艺术与工程的结合体。时至今日，大型雕塑依然是创作主体脑力劳动与体力劳动的结合。谈及工程，工序和工具是挥之不去的话题。考古发现，埃及胡夫金字塔内有铁器出土，这证实了铁器是建造庞大金字塔的有力武器，若没有相应的技术储备是难以成功的。子曰：“工欲善其事，必先利其器”，冶铁技术的成熟是南朝帝陵石刻得以璀璨绽放的有力保障。在封建社会，冶铁技术的发展首先有赖于军事。南北朝时期，朝代更迭频繁，战乱不断，对于冶铁技术水平的要求空前提高，这也间接促进了孕育南朝陵墓石刻客观条件的成熟。在当时冶金技术已具相当水准的前提下，再加上水陆车船等运输工具的发展，这些条件共同作用于陵墓石刻，从而形成社会各领域的合力，为世界呈现今日依然可窥探端倪的史诗级巨作。

三、帝王陵之夸张意象

随着经济的发展、科技的进步和文化的多元创新，石雕行业的工匠水平有了长足的进步，无论在石雕的体量规模上还是雕刻的工艺技法上，都达到了相当高的水平。南朝时期北民南迁，受社会动乱的影响，经济文化重心南移，南方优越的自然条件和相对安定的社会环境为文化交流和整合提供了优越的条件。北方文化与南方文化在江南地区交流互鉴，并逐步形成创新意识和不同的文化类型，促进了南朝时期文化艺术的缤纷呈现。这一时期的南方文化艺术已经不仅仅是江南这一地方区域文化和智慧的结晶，更是代表着整个国家的文化艺术走向。与当时北方庄严肃穆的佛教雕刻相比，江南则以夸张而灵动的陵墓雕刻震慑人心，傲立于天地之间。

南朝陵墓雕刻遗存分帝陵石刻和王陵石刻两类，主要分布于江苏的丹阳和南京：帝陵前石刻一般身躯修长，长颈夸张，华丽灵动，配有鳞片及双翼装饰纹样，大多聚集于丹阳地区；王陵石刻一般身形如狮虎，脖颈短粗劲拔，鬃毛厚实深长，四肢粗壮有力，昂首仰天阔步，纹饰平面简洁化，多见于南京周边地区。“南朝

① 吕华亮：《〈诗经〉名物注析·国风篇》，合肥：黄山书社，2015年，第31页。
② 贺云翱：《六朝文化：考古与发现》，北京：生活·读书·新知三联书店，2013年，第327页。
③ 林梅村：《古道西风：考古新发现所见中西文化交流》，北京：生活·读书·新知三联书店，2000年，第143页。

都城建康（今南京）和齐梁两代最高统治者发迹的地方——丹阳，是陵墓最集中之处。”[①] 石刻散布于丹阳市萧梁河沿岸、南京城东的栖霞和城南的江宁等地，宋、齐、梁、陈四代皆有实物遗存，主要包括石兽、石柱和石碑。从造型艺术语言来看，南朝帝王陵石刻在继承前代陵墓雕刻的基础上，在尺度和造型方式上有了长足的发展和突破。

现有遗存和考古文献表明，位于南京的初宁陵为南朝时期最早的石刻造像。一对石兽分设于公路两侧，风化较为严重，其中一尊头部已残损。这对麒麟身材高大，较之西汉霍去病墓前马踏匈奴石雕已近乎翻倍，在尺度上已呈现大幅度的发展。及至齐代，位于镇江丹阳市仙泉路北的齐景帝修安陵的一对石兽体态更为高大，同时在动态上具有灵动性，身形大致呈“S”形曲线，渐趋华美。拉长的颈部和窈窕的体态与当时盛行于绘画领域的陆探微经典画风“秀骨清像”的审美风尚相呼应。头部鬃毛刻画精细，呈曲线形向外伸展，颚骨饱满隆起，口部圆形化夸张处理，胸部坚挺饱满辅以羽翅纹理，整体造型空间感进一步增强，灵动而富有张力。现有的梁代陵墓石刻神兽的历史遗存最为丰富，位于丹阳市皇业路的梁武帝萧衍神道石兽，南向昂首阔步，气势雄壮威武。从雕塑语言和工艺技法来看，较前期南朝石刻更为纯熟，轮廓线紧绷流畅，整体造型结实而富有弹性；石兽的形象趋向写实，简化和概括的装饰纹样，服务于躯干造型整体。至南京仙林学则路的萧宏石兽雕刻，两翼已简化为两条装饰纹样的曲线，雕刻手法简朴自然，造型线条从华美灵动转向厚重的体积空间表现，讲究对称之美，追求浓重的工艺装饰化造型风格。位于栖霞区十月村路东的梁吴平忠侯萧景墓神道石刻是南京地区名气最大的一座，它不仅是南京市官方辟邪形象的原型，还曾在梁思成、刘敦桢的笔下走入《中国古代建筑史》，被公认为辟邪中最为精美的一个：以狮子为原型，体态进行了极致的夸张，体量巨大，沉稳有力，端正庄重，威风凛凛，气势磅礴，极具帝王之气和强烈的视觉冲击力。石兽周身造型整体性较强，装饰纹样简练朴实，于粗犷、敦厚和威严中凸显博大气势。到陈代，南朝陵墓石刻造像已过巅峰，体量渐收，倾向于小巧繁复的纹饰刻画。位于南京栖霞甘家巷狮子冲一带的南朝陈文帝陈蒨永宁陵前的两尊石刻，整体形制小巧精美，华丽纹饰遍布周身，头部比例偏大，活泼灵动。

综上所述，南朝陵墓雕刻造型方式在承袭汉代石刻雄浑写意风格的基础上，发展出了成熟的夸张意象风尚。首先，造型元素夸张。有翼兽的出现，将古老的东方文明与爱琴海艺术等国外文化紧密联系在一起，为我们窥探华夏民族文化的历史嬗变轨迹打开一扇窗。在陵墓雕刻的元素构成上，呈现多元融合的特点：石兽融狮形身躯、龟形臀部、豹形尾部、飞禽两翼等于一体，石碑和石柱在立体与平面、雕刻与书法、东西方柱式等方面也展现出极大的包容性。其次，基本形体夸张。从现存的南朝陵墓雕刻遗迹来看，与前代相比，石刻呈现体态高大的特点，其视觉冲击力增强，凸显雄浑壮观的气势。在躯体空间关系上，躯体扭动幅度夸大，尤以脖颈部位最为明显，其视觉张力更强。再次，创作意象夸张。石刻遗存中，石兽不再是秦汉雕刻中温顺可亲的仁兽，而是转为龙虎和雄狮的猛兽化身，以其高大威武、凶猛刚强的形象，彰显皇家贵胄的尊贵和威仪，满足了人们赋予其通灵之力的诉求。庞大的体量、凶猛的神态和极具张力的动势，南朝石兽历经宋、齐、梁、陈四个时代的发展和锤炼，整体呈现出咄咄逼人的威慑力和结构性张力。

四、帝王陵程式化风格

纵观南朝陵墓雕刻，虽宋、齐、梁、陈四代雕刻语言各具特色并呈现循序渐进的嬗变脉络，但从总体上看，其形象相似，组合方式及构成单元基本相同，且呈现固定的形制规律和营造范式。已有墓冢考古发现的资料表明，帝王陵墓雕刻布局具有明显的程式化特色，排列次序及摆放朝向等都有固定的形制标准。较之前朝，南朝陵墓雕刻更为高大，整体呈“S”形空间构成样式。丰富而华丽的装饰化纹样线条表现，已成为这一历史时期造型艺术史书写的特定标志。石兽形象呈具象化走向，主题表现趋向简洁化、制度化、规模化、批量化、规范化，具有明显的程式化特征。

总体来看，我认为南朝石刻在中国雕塑史上独树一帜，石刻配置和内容已形成定制，程式化的造像风格超越事物表象，是秦汉两代雕塑艺术风格的融合和创造，是时代赋予的符号。第一，符号化。符号化形象作为南朝帝王陵墓石刻的艺术语言，具有两个显著的特点。一方面，强烈的象征性，它代表着当时帝王们个性化的心理诉求和审美理念。以狮虎为原型创作出的有翼兽形象，强化了守护神各种力量符号合体的理想，与其时的升仙思想是相呼应的。另一方面，显著的标识性，它是统治阶级意

①林树中：《南朝陵墓石刻研究》，《新美术》1981年01期，第80页。

志的集合体，是帝王贵胄的代言人，是王权的象征和符号。第二，装饰化。有序、对称、工整的装饰化线条是南朝帝王陵石刻的突出特征，在吸收汉代随石赋形风格的基础之上，融入商代诡魅的装饰纹样，使之通体华美高贵。“南朝陵墓石兽在团块的体积上加装饰化的双翼，用线勾勒出鬃毛，更添一份超自然的魅力。”[①] 以齐景帝萧道生修安陵神道石兽为例，装饰化的艺术表达至少传达三层意象：装饰、概括和意象表达。石兽身上的装饰精细而繁琐，头部茸毛以工整、重复而有规律的线条刻画，颈部、胸部和腹部则以类植物团状的线条塑造，达到华美的装饰效果；同时，在装饰化表现的过程中，对毛发和肢体结构进行必要的归纳和提炼，使图形意象升华。正是基于以上对客观实体的抽象概括和装饰美化，石兽才具有一定的意象表达。第三，形制化。就南朝陵墓雕刻形制来说，其有固定的规制，对石柱、石碑和石兽的位置经营和空间构成方式在现有历史遗迹中有章可循。“据已发掘的墓冢资料，一般都安排在墓室前五百米以至二三里的大道旁。其排列次序：最前石兽一对，次为石碑一对，再次为神道石柱一对，墓室在其后山坡上。”[②]

南朝陵墓石刻上承秦汉两朝的装饰写实与雄浑写意风格，下启隋唐理想造型之风，于南北方频繁的文化交流和思想碰撞中，融合两者艺术表现之精华，在浓缩中华传统装饰化艺术语言特色和帝王贵胄多元文化时代诉求的基础上予以开拓创新，创造了中国美术史上传统雕塑艺术表现的一大高峰。

① 陈绳正、冼宁：《雕塑与建筑》，北京：生活·读书·新知三联书店，2015 年，第 398—400 页。
② 林树中：《南朝陵墓石刻研究》，《新美术》1981 年 01 期，第 81 页。

咫尺万里
——论陵墓神兽雕塑的艺术风格

文：尚莲霞

摘要：龙、凤形象来源于中国古代艺术传统，在陵墓随葬品中作为通天地的工具，既是权力、地位的象征，又是幻想中死后升天的助手。战国以来，逐渐形成由青龙、白虎、朱雀、玄武构成的“四灵”，后来麒麟加入其中，称为“五灵”。天禄、辟邪以外来的狮子为依托，在南北朝时期逐渐成为陵墓神兽主题。中国传统的龙、凤、“四灵”，加上受外来影响诞生的域外珍奇，如翁仲、麒麟、天禄、辟邪、大象、鸵鸟、骆驼等题材，通过“翼化”、夸张等艺术手法的表现，共同构建了中国陵墓神兽这一纪念艺术类型的发展图景。这些陵墓神兽体积庞大、凝重厚硕，立于天地之间，成为古往今来、现世与往生之间的联系和载体。因此，他们的造型必须夸张、蓄势待发，时刻准备超越事物表象，达到咫尺万里之势。

关键词：陵墓神兽；咫尺万里；美学意蕴；艺术风格

在中国古代画论中，以有限的笔墨及方寸纸张表现无限的空间感，一直是画者们的终极追求。宗炳在《画山水序》中指出，“横墨数尺，体百里之迥”是山水画的“自然之势”。[①] 唐代大诗人杜甫并非画者，但对绘画有独特的审美能力，他在《戏题王宰画山水图歌》中云：“尤工远势古莫比，咫尺应须论万里。”[②] 这里，“咫尺万里”已经超出了对王宰山水画的评价，而成为中国山水画所追求的美学范畴。清初思想家王夫之在《姜斋诗话》中指出：“论画者曰‘咫尺有万里之势’。”[③] 山水画不能像地形图那样仅以写实为标准，而是要具有超越有形的广大之势的美学意蕴。山水画者为了追求咫尺万里之势，必然要采取一些特殊的处理方式。同样，中国古代陵墓雕塑也体现了这样的处理方式和艺术风格。为了守护帝陵，人们塑造了立于神道两边的人物和神兽，这些陵墓雕塑都进行了夸张、抽象和浪漫手法的处理，形成一个个具有庞大、凝重、厚硕的体量的雕塑，有的造型威严肃穆，有的造型灵动生趣，仿佛时刻准备超越事物表象，蓄聚着巨大的冲击张力，顶天立地于时空之间。由此促进了墓室内建筑模型、装饰雕塑以及大型陵墓神兽雕塑的发展，在艺术表现方法及题材处理上也呈现出多样化的趋势。

中国古代帝王注重“事死如事生”的信条，崇信人死之后，在阴间仍然过着类似活着时的生活。因此，他们更重视将日常生活场景移植到墓葬中，其目的是在死后仍然享受现世的奢侈生活。《荀子·礼论》中提到，“丧礼者，以生者饰死者也，大象其生，以送其死也。事死如生，事亡如存”。[④] 皇帝提倡实行厚葬，陵墓的建造及墓室内的布局和随葬用品均应还原生前的场景。中国古代陵寝制度的发展经历了漫长的演变过程。春秋战国之前，墓是没有坟的，埋葬后地面是平坦的。战国时期开始出现墓上有陵，也就是山陵的意思，把坟墓造的像山陵一样，以表示国王至高无上的地位。后来皇帝死称为山陵崩。西汉时期陵墓有寝，附近有庙，并逐渐出现墓俑、动物模型和器物装饰雕塑、墓地大型石雕、墓室及葬具雕刻等。东汉时期陵墓神道仪卫石刻得到初步发展，主要包括石柱、石碑、石人、石兽，并且已经显示出等级差异。由于东汉末至西晋时期战乱频繁、政治动荡，汉代帝王的陵墓几乎都被盗掘过，因此，曹丕将曹操建好的陵墓拆掉，同时将自己的陵墓造在山里隐藏起来，以免重蹈被盗掘的覆辙。据《三国志·魏文帝纪》记载，魏文帝曹丕自作“终制”言：丧乱以来，汉氏诸陵无不发掘，至乃烧取玉匣金缕，骸骨并尽，是焚如之刑，岂不痛哉！祸由乎厚葬封树。因此，决定“寿陵因山为体，无为封树，无立寝殿、造园邑、通神道”，使易代之后不知其处。[⑤] 曹魏西

① 杜占明：《中国古训辞典》，北京：北京燕山出版社，1992年，第867页。
② 张忠纲：《全唐诗大辞典》，北京：语文出版社，2000年，第463页。
③ 陈传席：《六朝画论研究》，天津：天津人民美术出版社，2015年，第109页。
④ 王书良、李煜：《中国文化精华全集·政治经济卷》，北京：中国国际广播出版社，1992年，第98页。
⑤ 杨宽：《中国古代陵寝制度史研究》，上海：上海人民出版社，2016年，第43页。

晋统治者提倡薄葬，废除或简化了东汉时期的陵寝制度。到了南北朝时期，随着陵寝制度的恢复，陵墓神道石刻也再度兴盛，尤其陵墓神兽雕塑，既继承了东汉传统，又受外来因素的影响，形成了独具魅力的南北朝雕塑艺术风格，对汉代和唐代的雕塑风格起到承上启下的作用。

陵墓神兽雕塑题材早期受古代艺术传统影响，以龙、凤形象为主。秦汉以来，有翼神兽逐渐成为主题，“中国的有翼神兽虽然受外来文化影响，但它们与中国的艺术主题长期共存，又受后者影响，二者是互动关系”。[①] 这类主题的陵墓神兽造型不仅对中国本土艺术中的龙、凤造型有所改变，而且影响了外来艺术中狮子等动物的形象。陵墓前的天禄、辟邪等神兽题材体现了诡异的抽象风格，这些神兽夸张、有翼造型的艺术表现风格是对原始图腾、楚汉浪漫风格的继承，表现了超越事物表象、连接天地的咫尺万里之势。吴为山先生在《我看中国雕塑艺术的风格特质》中认为，“帝陵程式夸张风亦可以‘咫尺万里’概之。它们的体量，它们的神气要镇住广阔空间、悠远的时间，夸张是其必然选择，程式也是与尽忠职守并存”。[②] 由此可见，陵墓神兽雕塑本身虽然体量巨大、凝重厚硕，但是将之置于天地之间，还是显得渺小。因此，必须通过夸张造型、诡异抽象、超越表象等艺术处理方法来表现，从而达到震慑四方、咫尺万里的作用和效果。

一、龙、凤形象抽象浪漫的艺术风格

中国陵墓雕塑艺术最早萌芽于新石器时代后期，主要表现在一些墓葬出土的玉石雕塑上。龙、凤是中国古代皇权的象征，最早在新石器时代就有龙、凤合体的纹饰。龙和凤作为最高权力的象征，被抽象化、符号化，并通过浪漫的表现手法进行处理和塑造，表达了祖先们的美好祈愿和诉求。龙的形象一直作为中华民族皇权的象征，距今 8000 年的辽宁阜新查海遗址中出土的玉龙形象是目前公认最早的龙的形象。为了体现政权的合法性和皇权地位的尊贵，汉高祖刘邦曾被牵强附会地认为是龙的儿子，至此皇帝被认为是真龙天子。凤即凤凰、玄鸟，在古代被尊称为鸟中之王，是祥瑞之兆，最初被当作商族部落的图腾。《说文》：“凤，神鸟也。”[③] 凤鸟是古代神话中风伯飞廉的形象，神话表明楚人的祖先祝融是凤鸟的化身，其意在于招引风伯亡灵升天，必须借助风神的力量。《韩诗外传》卷八：“凤为能通天祉，应地灵，律五音，览九德。”[④] 这些都体现了凤凰是道德、礼乐、福祉的象征。《山海经·南山经》：“有鸟焉，其状如鸡，五采其文，名曰凤皇。首文曰德，翼文曰义，背文曰礼，膺文曰仁，腹文曰信。是鸟也，饮食自然，自歌自舞，见则天下宁。”[⑤] 凤鸟是楚人的图腾，玉凤还被当作贵族的陪葬品，以示尊贵。在古代传说中，凤凰象征着天下太平，其影响力与龙不相上下，在玉器中龙、凤形象常同时出现，相提并论。战国晚期安徽省长丰县杨公战国墓出土的“龙凤形玉佩”（图一），现藏于安徽省文物考古研究所。在这件玉佩上我们发现，作为主体的龙气势张扬、侧目回首，身体盘旋扭曲充满灵动感，在龙身体上依附着两条同样形态生动的凤。从凤的形体上来看，它是借助于龙的身体，充当着陪衬的角色，依附于龙。其中一凤勾颈垂首，与龙首上扬的姿态形成反差，龙、凤各自的神情也表现出不同的韵味。在造型上，龙的身形呈现大幅度曲线弧度，与之相反，凤鸟曲线幅度则被大大地简化和抽象化了。这种龙凤玉器造型对比强烈、虚实相生，在表面的相互束缚中凸显出一种向外的张力，通过玉石的方寸之间表现奔腾万里的态势。工匠们对龙凤形象题材的精巧构思和造型处理，一方面体现了他们精湛的技艺和无穷的智慧，另一方面也将内在精神的张合之力体现得淋漓尽致。正是这种自由驰骋的创作心态，使得每一件艺术品蕴含着让人回味无穷的意韵。

图一 龙凤形玉佩 战国晚期，安徽省长丰县杨公战国墓出土，现藏于安徽省文物考古研究所

图二 荆州天星观二号楚墓虎座飞鸟 战国

龙、凤形象题材处理得非常精巧的另一件镇墓神兽随葬品是战国时期荆州天星观二号楚墓出土的虎座鹿角飞鸟（图二）。鸟背上的鹿角是龙的象征，因而鸟背上插鹿角是龙凤合体的神物，

① 章孔畅：《南朝陵墓石刻渊源与传流研究》，南京：东南大学出版社，2011 年，第 47 页。
② 吴为山：《我看中国雕塑艺术的风格特质》，《文艺研究》2005 年第 6 期，第 125 页。
③ 司马迁：《史纪·高祖本纪》，郑州：中州古籍出版社，2004 年，第 59 页。
④ 赖炎元：《韩诗外传今注今译》，台北：台湾商务印书馆，1972 年，第 338 页。
⑤ 范之麟、吴庚舜：《全唐诗典故辞典（增订本）》上册，武汉：湖北辞书出版社，2001 年，第 326 页。

表示楚人以凤引导亡灵，借龙飞升天界的观念。底座用虎的形象来表现，是为了达到御凶噬鬼、降妖驱魔的目的。虎座鹿角飞鸟是综合了虎、鹿、凤三种动物元素组合而成的随葬品。一方面，鹿角飞鸟象征龙凤合体，是引导或承载墓主人升入天界的媒介；另一方面，以虎为底座可以驱邪避鬼，守护墓主人的地下之魄。战国时期楚人形成了魂魄二元的观念，通过鹿角飞鸟引魂升入天界，虎座压墓主人地下之魄。我们的先人运用天马行空的想象力，在尺寸100厘米左右的随葬明器上将虎、飞鸟和鹿角三种动物形象糅合到一起，以蹲伏状的猛虎为座，其神态威严，虎背之上立有昂首展翅的长颈凤鸟，其仪表轩昂，凤身生出一对锐利的鹿角。塑造者摒弃了对自然物象的写实摹写，抓住不同物象的局部特征，通过综合、变形、夸张等艺术处理，将现实世界中无法实现的美好愿景寄于超凡脱俗的奇特形象中。整体造型奇妙，气势雄伟，飘逸而不失庄穆，给人以神奇感，显示出丰富的想象力和绝妙的艺术表现力。这些出土的龙、凤形象的随葬品，尺寸都非常小，但构图精巧、造型独特、雕工精湛。工匠们将龙、凤形象抽象化、概括化，通过楚汉浪漫手法的表现，从而实现引导墓主人升天的目的。这正是天马行空、突破事物表象达到咫尺万里的艺术风格的有力表达。

二、四神形象变形、超越表象的艺术风格

青龙、白虎、朱雀、玄武在中国古代被称为四神，或四灵、四象、四维、四兽等，它们是以动物形象出现的神灵，体现了古人对威武、有灵性动物的原始崇拜。同时，四神又分别代表着东、西、南、北四个方向，《三辅黄图》中提到：苍龙、白虎、朱雀、玄武，天之四灵，以正四方。古人将经过想象处理的四种动物形象与四个方位的七宿联系起来，体现了对天文星辰的原始崇拜。随着阴阳五行学说的出现，四神形象又与阴阳五行、五方、五色相结合。《礼记·曲礼上》曰：“行，前朱鸟（雀）而后玄武，左青龙而右白虎，招摇在上。”[①] 四神在先秦两汉时期被广泛应用：天文学家利用它校正四时，舆地家利用它分辨九州，军事家利用它制定方向走位。在汉魏两晋时期的墓葬中，经常可以见到棺椁、画像砖、随葬品上面出现龙虎、玄武、朱雀的形象，其目的是守卫墓主人的灵魂安全地升天成仙。青龙的形象是人们想象出来的，一般身似长蛇，头像麒麟首，尾像鲫鱼尾，面有长长的须，犄角像鹿角，身上有五个爪子，相貌很威武。因为青龙体态相貌威武，人们通过夸张造型的设计，将其当作震慑邪物的神兽，守护墓主人的灵魂安宁。白虎形象似虎，色为白色，性格凶猛无比，因此被认为是高贵的象征。在汉代画像石墓的墓门上，青龙、白虎常常配对刻在墓室过梁两侧，用来辟邪。朱雀即凤凰，也被称为玄鸟，被看作鸟中之王，是祥瑞、天下太平的象征。玄武的形象像龟，还有一蛇缠绕于身体上，被称为龟蛇合体，位于天空中的北方，属性为水，颜色是玄色。洪兴祖在《楚辞补注》中提到，“玄武为龟蛇，位于北方故曰玄，身有鳞甲故曰武”。[②] 这也是“玄武”一名的由来。《经》云：“上善若水。非铅非锡非众石之类，水乃河东神水，生乎天地之先，至药不可暂舍，能养育万物，故称玄武也。”四神形象的出现是古人对一些威武有灵性动物的原始崇拜，人们通过夸张、变形等手法，使其产生“如鸟之翔，如龟蛇之毒，龙腾虎奋，无能敌此四物”。

图三　四神纹玉铺首　茂陵　西汉中期

出土于西汉中期茂陵的“四神纹玉铺首”（图三），构思独特精巧，将中国古代神话中的四神兽非常巧妙地组合在一起，整体艺术风格清丽脱俗、自由浪漫，造型雄浑豪放、气势磅礴。铺首是古代装置门环的兽首底座。四神纹玉铺首整体造型呈方形扁身，正面中部兽面浮雕鼓目、宽眉、卷鼻、张口、怒齿，形象甚为凶猛。这种利用夸张手法表现面目狰狞的处理方式，目的是保护墓室主人汉武帝，震慑外来入侵者。兽面纹整体呈对称分布，四个角面用不对称的青龙、白虎、朱雀、玄武四神来装饰，整体

① 邱永君：《永君说生肖》，北京：商务印书馆，2014年，第56页。
② 顾荩臣：《经史子集概要》，上海：上海科学技术文献出版社，2016年，第320页。

搭配自然，主次分明。左上角为白虎，昂首长啸，两前腿踩在上端右侧的云纹上，身躯矫健，形象威猛；右上角为青龙，昂首、翘鼻、鼓目、嘴巴大开，两颗牙咬住云纹，身躯扭动，长尾微卷，四肢前伸后蹬，十分有力，整体让人感觉如行云流水，威武灵动；白虎之下是玄武，张口衔舌，状作龟咬蛇，部分身躯掩压在云纹之下，全身敦厚稳健、委婉流畅，玄武的头和颈部汇于兽面的粗眉之上，身躯和尾部则位于兽面的左边；兽面右侧的粗眉上面是朱雀，圆眼睛、身躯修长，整体呈回首展翅状，朱雀的尾部是云纹形状。工艺上采用圆雕、浮雕和线刻相结合的手法，充分展示了工匠们精湛娴熟的技艺和丰富的想象力。正是有了他们精巧的构思和独特的审美情趣，才能从整体上将弧面、曲面、平面有机整合，达到匠心独运、出神入化、气贯长虹的境界。古代工匠们可以将不同时空的物体，信手拈来组合在一个平面中，可以不尊重客观事实，只为追求主观的目的，这一点与西方艺术家长期以来追求的写实精神是不同的。弗莱明在如何看待东西方神话题材的艺术表现这一问题上，认为其中藏着更深的观念背景："中国艺术家的主要目的在于表达形象的生命力而非外表的真实感，因此也就更不在乎逼不逼真了。史上有传说记载，有位名叫马良的伟大画家因为将马画得太有活力，导致马跃出了画纸之外。而古希腊则有一个故事说道，一位画家把葡萄画得太过逼真，结果把鸟都给蒙骗过来啄食。两相对照之下，恰巧反映出东西方对艺术态度的本质差异。"① 这件四神纹玉铺首是汉代玉器中不可多得的精品，整体造型威严庄重、活泼生动，在严谨紧凑的方寸布局中简洁而明快地表现出了四神的形象，很好地凸显了动静相宜、疏密结合、有张有弛的平衡与和谐，代表了汉代陵墓建筑装饰领域的水平。

三、南朝陵墓神兽夸张、灵动的艺术风格

南北朝时期是中国历史上的分裂时期，北方佛教石刻艺术兴盛，建造了许多经典的大型石窟雕塑。而以南京及其周边地区为代表的南朝陵墓石刻受到了秦汉神兽及外来艺术的影响，形成了雄浑矫健、古拙挺拔的夸张风格，它与北方石刻交相辉映，成为上承秦汉、下启隋唐的石刻艺术的重要代表。南朝陵墓神兽雕塑由南方偏安政权宋、齐、梁、陈四个时期建造而成，纵观整个南朝陵墓石刻的造型风格，整体显现出体态健硕灵动、线条流动优美，但各个时期又各具自身特征的特点。刘宋时期属于开创初期，整体表现出稚拙、不成熟的特点，也没有形成确定的样式和统一的程式风格。而齐、梁时期的陵墓神兽石刻的艺术风格则相当成熟，已经形成统一的形体语言表达方式和帝陵程式化的艺术风格。到了陈时期，由于政治经济的不断衰退，陵墓雕塑也逐渐衰落下去。具体分析齐、梁时期陵墓神兽石刻，又各具特色。例如，萧齐时期表现出石刻身体清瘦修长并夸张扭动呈"S"形的特征，整体表现出跳跃、灵动、优美、舒展的造型风格；萧梁时期神兽石刻造型表现出浑然厚实的"S"形样式，这与当时的陵寝制度有紧密关系。齐帝陵遵循着依山而建的理念，陵墓的建造依循着顺其自然、顺势而为的丧葬观念。因此，齐时期陵墓石刻没有统一的程式，造型具有清瘦俊秀的特征，同时表现出强烈的动感，外轮廓动态线一张一弛回旋宛转，刚劲有力。而梁帝陵遵循聚族而葬的陵寝制度，从梁文帝建陵开始就将聚族而葬的整体设计理念融入其中。它要求以整体帝王家族陵园基本规划为出发点，而不突出陵寝前神道石刻的特点，强调整体统一。由陵口进入，梁帝陵依次排开的陵寝规划，体现了皇家的尊贵风范。南朝石刻历经千年沧桑，风化侵蚀，我们可以从历代文人墨客流传下来的诗句中体会到他们所描述的南朝石兽形象特征，真实再现石刻周围的苍凉景象。南宋诗人曾极诗集《金陵百咏》中的一篇《石麒麟·地名》，为我们生动而真实地描述了当时的情景："短樊长堑起寒烟，知是何人古墓田。千载石麟相对立，肘鬃膊焰故依然。"诗中"石麟相对立"就形象地描述了石刻造型的对称形式；"肘鬃膊焰"则生动概括出了石刻造型的形象特征。清代学者陈文述诗咏《陈武帝万安陵》中写道："当年僧辨平侯景，太室铭刻定不祧。立长有心图却敌，背盟何意出同僚。未容方智生南国，终遣萧庄死北朝。无复万安陵寝在，空余石马势腾骁。"写出了诗人面对陵墓神兽雕塑而发出的感慨。

位于丹阳仙塘湾的齐景帝萧道生修安陵石翼兽（图四），可以说是南朝神兽雕塑中造型最美、态势最灵动的一对陵墓石刻。其整体造型动态流畅，兽身比例修长，头、颈、胸向后倾斜的角度非常大，身体扭动幅度非常大，过于向后倾斜的动势，甚至不符合常理，但却增加了流畅的韵律感和灵动性。兽身装饰的纹样丰富多样，更加增添了秀美灵动的风格特征。脖颈后部两侧各有五条长羽，线条的排列规则是上部紧致而逐渐向下展开，长羽尾

① 修·昂纳、约翰·弗莱明著，范安迪译：《世界艺术史》，海口：南方出版社，2002年，第89页。

部圆点的回收粗细一致。由于颈部细长，表面的空间非常狭长，因此整体显得长羽的线条排列饱满并填满了颈部表面。脖颈两侧长羽的下颚连接处，线条平均分配而看不出每一缕之间的空间关系。双翼前的兽身表面装饰着大幅度旋转的弧线，但是线条刻度深浅一致，并没有表现出凹凸感、层次感，主要还是平面装饰风格。羽翼处理也基本在一个平面，从下向上形成向里平行递减的细线条，翅尾向上逐渐收起并呈现圆形。腿部修长，前腿向前方伸出，兽身整体向后向下沉，形成一种蓄势待发的动态。正如林树中先生所言"清瘦、苗条、俊秀"之美及"强调音韵排比的形式美"，在修安陵石兽造型中得到了完美的体现。修安陵石刻造型纯粹唯美的装饰意味的加强，"可以看出整个社会的风气和统治阶级的美学观点"，是当时社会风尚的一种象征。[①]

图四　齐景帝萧道生修安陵石翼兽 丹阳仙塘湾

图五　梁武帝修陵石翼兽

另一座梁代陵墓神兽雕塑的代表作品，即梁武帝修陵前神兽石刻（图五），其表现风格及造型特征与齐帝陵神兽不同。齐帝陵神兽的修长流动飘逸的造型及秀美灵动的艺术风格逐渐被改变，梁武帝修陵神兽表现出粗壮挺拔的头颈样式，线条平缓，整体比例和体量都比较适中、协调。这些都体现了梁代的审美需求。从梁文帝建陵石兽开始，其表现出的整体动势趋于平稳，头、颈、胸之间的关系相对比较均衡，动态线条平缓，石兽面部上部分无额头，眼部造型及雕刻手法与齐景帝修安陵石刻样式比较接近。具体表现在：球体大，扁圆，但上眼睑基本呈现出装饰性弧线，最高点为一条直硬的三角形转折；眼睑薄且外转，弧形直接与眉须连接；眉须薄而紧贴眼睛，外眼角朝下为倒三角；髭须直接从口角纹饰向后展开，纹理呈平面阴刻，刀法均衡。神兽双翼上有三条卷云纹饰，兽身脊背处圆点扁平。建造时间晚些的梁武帝修陵神兽石刻造型呈现出相对厚重和平稳的动态，与同时期的王侯陵墓前石兽相比，修陵神兽的颈部抬高，头部体积加大，而且头颈部呈明显伸长的动势，凸显出挺立昂扬的气势。这些都显现出，梁武帝修陵神兽雕塑是有意识地与王侯墓石兽造型拉开距离的，以表现帝王风范和气度。修陵神兽腿部造型与齐景帝修安陵神兽相似，都呈现出走姿动势，同样处于行进中的状态。修陵神兽腿形呈现方形，不似修安陵神兽修长秀美，其腿关节的转折点凸出，这一点较为明确，与修安陵神兽区别较大。神兽头上双角格外突出，中部镂空并呈立体状，类似于鹿角的样式。纵观梁武帝修陵神兽整体造型，其表现出的形式语言与艺术风格特征，明显可以看出是在吸取之前陵墓石刻的基础上，试图突破并探索出自身全新的造型特征，以达到不同于以往陵墓石刻的造型及艺术风格。这种探索性的形式语言和表达方式，可以在不同部位造型特征以及细节部分的形式纹样等方面发现。主要表现在：各局部造型非常夸张，面部呈现出张牙舞爪的凶猛形态，细节方面包含微微翘起的双爪、华丽的装饰纹样，这些都表现出神兽灵性乖巧却又故作凶猛姿态的造型特征。

南朝陵墓神兽雕塑充分展示了如何在凝重厚硕的石材上雕刻出流畅而灵动的动势造型，如何在有限的尺度中实现自由挥洒的理想境界。这些也成为南朝石刻区别于其他陵墓石刻造型和艺术风格的独一无二的风格特质。正如孙振华先生所述："储

① 沈琍：《南朝陵墓雕刻造型风格研究》，南京艺术学院博士学位论文，2005年，第114页。

蓄着元气淋漓的生命力，同时又凝聚着一个对存在疑惑不安的反问。那时代的宇宙观、恐惧、信仰、怅惘……都从这张大的口中吐出来。生存的基本的呼喊，天边的无穷极的呼喊，在生与死的边界上，在茫茫的旷原上，欲明生死的究竟，使我们欢喜、愀怆、憔悴、战栗。”[1] 南朝陵墓神兽造型的转折变化，从而带来形体的曲直与凹凸，其线条雕刻的深浅、阴阳、疏密等变化而产生动势和韵律，成为雕塑者创作的精神载体。南朝陵墓石刻造型风格的形成，绝不是孤立和偶然的，而是与当时的社会文化背景、审美风尚及绘画风格都有着紧密联系。同时，南朝上承秦汉、下启隋唐，是一个个性解放的时代。所谓“魏晋风度”“气韵生动”正反映了当时文人士大夫放荡形骸、坐而论道、超然自得的精神状态。

结语

中国古代帝王陵墓中龙、凤形象的随葬品被赋予通天地的神力，既象征至高无上的权力和地位，同时又可以引导墓主人升天成仙；镇墓兽四神形象是为了达到震慑外来入侵者、保护墓主人的目的，陵墓神道的神兽形象是为了达到彰显皇家威严、连接天地、震慑四方的目的。因此，这些陵墓神兽雕塑必须进行抽象、夸张、变形等处理，这样才能超越事物表象，达到咫尺万里之势。

习总书记2013年8月在全国宣传思想工作会议上指出：“中华优秀传统文化是中华民族突出的优势，是我们最深厚的文化软实力。”陵墓雕刻是传递中华传统文化的载体之一，在不同历史时期的墓葬文化及审美需求影响下，形成了特定的造型样式和特征风格。南朝石刻在中国艺术史上占有极其重要的地位，它与同时代的北方佛教石刻堪称大型石刻雕塑的经典范例，交相辉映。其程式化的夸张风格超越事物表象，是连接汉唐之气的纽带。因此，从中国博大精深的传统文化中汲取精华，可以增强中国人的民族自信心，再创中华文化新的辉煌。

（本文原载于《艺术百家》2019年第6期，有改动）

① 孙振华：《生命·神祇·时空——雕塑文化论》，杭州：浙江美术学院出版社，1990年，第163页。

基于“一带一路”倡议文化视域下的雕刻艺术探究

——以东汉及六朝时期陵墓石刻为例

文：尚荣 胡吉宏

摘要：东汉及六朝时期，中国由于与西域各国在政治、经济与军事上的频繁互动，逐渐开辟完善了被后世广为称赞的“丝绸之路”。这条线路的开拓直接促进了东西方文明的交融。自2013年“一带一路”倡议被习总书记提出开始，古代丝绸之路的历史内涵被重新重视。本文以历史文献及已有的重要研究成果为基础，以东汉及六朝的陵墓石刻为媒介，梳理并解读丝绸之路在东西方文明交流过程中的重要性，并进一步探索其对雕刻艺术的影响。

关键词：陆上丝绸之路；海上丝绸之路；石刻艺术；文化传播

中外文化交流最早可追溯至先秦时期。自两汉时期始，丝绸之路的开辟促进中外文化在宗教思想、文艺技术等多个领域内进行交流。丝绸之路中文明的交融拉开了中外艺术交流的序幕。至魏晋南北朝时期，中国出现了中外艺术交流史上的第一次高潮。远至西北边陲的敦煌莫高窟、麦积山石窟，近至中原腹地的洛阳石刻（东汉时期）以及北方的云冈石窟、南方的六朝陵墓石刻等，无论是壁画还是雕塑都明显带有受外来文化深刻影响的痕迹，其中包括拜占庭帝国的宗教美术、萨珊王朝的波斯文化与印度佛教艺术的影响。

一、“陆上丝绸之路”影响下的东汉有翼石兽与南朝陵墓石刻

拥有悠久历史的中国陵墓石刻艺术，在西来艺术的影响下，于流传和衍变之中至六朝时期达到了一个艺术高峰。其艺术的影响力通过陆上丝绸之路和海上丝绸之路架构起了一条融汇东西文明、延绵亚欧文化的文明交融之脉，并将中华优秀文明辐射至沿线国家和地区。

1. “陆上丝绸之路”影响下的东汉有翼石兽

东汉时期，陵墓石刻艺术的一个特点是动物石雕造型丰富。在新的丧葬礼仪制度推动下，以汉光武帝的原陵为开端，在神道上列置的石兽逐渐规范化和制度化。其中动物石刻形成了比较固定的组合关系、造型样式和列置方式。东汉帝陵石刻神兽设有象、马，王侯将臣陵墓设有虎、羊、驼、马、狮子以及被称为天禄、辟邪的有翼神兽。在存世的遗迹中，比较常见的陵墓雕塑题材便是石狮与有翼石兽，它们的造型样式十分相似，皆作昂首挺胸、四肢迈开疾走状，代表着东汉时期在大型石刻领域所取得的卓越艺术成就。[①]

东汉有翼石兽的样式造型与艺术风格的最终形成，与丝绸之路畅通所带来的中外文化交融有着密切的联系。据文献记载，东汉和帝永元十年（公元98年），出使西域的班超部下甘英曾访问波斯。[②]这也是目前关于中国与波斯两国关系的最早记录。出于政治、经济等多方面的需要，两汉时期对开拓丝绸之路十分重视。张骞、班超通西域，李广利征大宛，汉朝政府在轮台、扜泥等地开屯田，在新疆各地设官置守，使汉朝政令“颁行”于西域，并在丝路沿线设置烽燧、驿馆，以维护丝路交通的正常运行。经过两汉的不懈努力，从长安通向西方世界的“丝绸之路”通过政府经营，成为沿途给养可以得到保证的国际交通命脉。[③]《汉书·西域传》记载：“自玉门、阳关出西域有两道。从鄯善傍南山北，波河西行至莎车，为南道；南道西逾葱岭则出大月氏、安息。自车师前王廷随北山，波河西行至疏勒，为北道；北道西逾葱岭则出大宛、康居、奄蔡、焉（耆）。”[④]其中，丝绸之路作为连接东西方文明的重要媒介，是东汉有翼石兽造型最终形成的一个重要因素。有翼石兽的原型与源自两河流域神话中的格里芬（Griffin）

① 中国陵墓雕塑全集编辑委员会：《中国陵墓雕塑全集·东汉三国》第三卷，西安：陕西人民美术出版社，2009年，第21—39页。
② 南京市地方志编纂委员会办公室：《南京通史·六朝卷》，南京：南京出版社，2009年，第404页。
③ 王炳华：《从考古资料看丝路开拓及路线变迁》，《西域研究》1991年第3期，第17页。
④ 班固：《汉书·西域传上》，北京：中华书局，1962年，第3872页。

是否存在关联的问题以及具体名称所反映的来源问题，便是基于这一因素所引发的进一步探究。朱偰先生曾这般论述："所谓天禄、辟邪，实传自波斯，而起于汉通西域之时。及既传至中国，初则置诸宫门之外，以壮观瞻；后则列诸坟墓之前，以为守护。《汉书·西域传·乌弋山离国传》中称，在今波斯国南境给尔满、法尔斯、古尔斯丹、剌郡四部地有桃拔、狮子、犀牛。案给尔满（Kirman）、法尔斯（Farsistan）、古尔斯丹（Kurdistan）皆今波斯西南部，正当年波斯帝国首都波塞坡里所在地，此种作风由古波斯传来，实无可疑……"①

汉朝以降，有关西域进贡狮子的记录便屡见史籍。《汉书·西域传》中记载："遭值文、景玄默，养民五世，天下殷富，财力有余……自是之后，明珠、文甲、通犀、翠羽之珍盈于后宫，蒲梢、龙文、鱼目、汗血之马充于黄门，巨象、狮子、猛犬、大雀之群食于外囿。殊方异物，四面而至。"②和帝永元十三年（公元101年），"安息国遣使献狮子及条枝大爵……"③东汉章帝时"月氏国遣使献扶拔、师子……"④顺帝阳嘉二年（公元133年）"疏勒国献狮子、封牛……"⑤孟康曰："狮子形似虎，正黄有髯耏，尾端茸毛大如斗。"⑥可见，有翼石兽的出现与丝绸之路所带来的文明交流有着现实关联。并且，学界目前普遍认为有翼石兽（尤其是天禄、辟邪）的造型与格里芬有一定渊源。《后汉书》卷八《孝灵帝纪》中李贤注："今邓州南阳县北有宗资碑，旁有两石兽，镌其膊，一曰天禄，一曰辟邪。据此，即天禄、辟邪并兽名也。汉有天禄阁，亦因兽以立名。"⑦幸运的是，汉代宗资墓前的天禄、辟邪被保存至今，为南阳汉画馆所藏，成为中国雕塑史绕不过的两件重器。宗资墓前的天禄、辟邪是汉代所有雕塑中最早受到学界关注的历史遗存，不仅是因其具有不同凡响的艺术价值，更重要的是其对南朝陵墓中有翼石兽有着深刻的影响，在中国雕塑史上具有里程碑意义。⑧

1992年，洛阳孟津油坊村西出土一件有翼石兽（图一），高190厘米，长297厘米，重达两千多千克，是目前所发现东汉有翼石兽中体量最大的作品。出土时，它的下吻部及颌下垂须已残，收藏单位误将其颌下垂须修补成吐舌并向下耷拉的形状。在已发现的东汉有翼石兽中，尚无作吐舌状的实例，而作吐舌状的有翼石兽多见于之后的南朝时期。这件有翼石兽的出土地点位于汉光武帝原陵以南不远处，并且大得超乎寻常。后经文物部门考证，确认它是光武帝陵前神道上的石辟邪。⑨此件有翼石兽昂首弓颈，张口吐舌，身有卷曲形双翼，脸部鬃毛上竖，背部有连珠纹，腿部有卷云纹，弧形长尾斜撑于石座上，呈奔走状，下有长方形石座。它背部的连珠纹或许是其受西域文明影响的又一证据。与二里头遗址（属于夏文化）出土的青铜器上的"圆圈式"连珠纹不同，有翼石兽的连珠纹为实心。而"实心式"连珠纹与"圆圈式"连珠纹有各自的文明来源。根据有关考古发掘报告可知，"实心式"连珠纹在西亚等地传入的器物上较为常见："欧洲传入葡萄纹，粟特带来单独动物纹样、连珠纹，随佛教传入摩羯纹、伽陵频迦纹、狻猊纹、忍东纹、莲纹、缠枝纹、狮纹等。"⑩在萨珊风格的织锦中，以含有对兽或对鸟图案为母题的连珠纹，曾风行于波斯故地的这一生活物品中，从而形成当地以各种圆形和椭圆形连珠纹图案作为审美主题的艺术时尚。连珠纹图案约于5—7世纪经丝绸之路由西亚、中亚传入中国。宫治昭先生在《东西文化交流中的巴米扬——以装饰纹样的比较为例》一文中也有着相似的观点："连珠纹起源于波斯萨珊王朝，有名的实例是在塔格·伊·布斯坦（Taq·I–Bustan）的王侯人物衣服上的浮雕，以及法隆寺的四骑狮子狩纹锦、正仓院的双龙连珠纹绿绫等。这种有趣的纹样能从中亚传到日本，足见当时中西交流的盛况。"⑪富于希腊化风格的犍陀罗佛教艺术，又以极具装饰化的美术风尚，将连珠纹这一西域图案样本传递至龟兹石窟、云冈石窟等。由此可见，中国早期佛教造型艺术中的连珠纹图案，即是丝绸之路这一文化动脉信息传递的结果。⑫

① 朱偰：《建康兰陵六朝陵墓图考》，北京：中华书局，2006年，第5页。
② 班固：《汉书·西域传下》，北京：中华书局，1962年，第3928页。
③ 范晔：《后汉书·孝和孝殇帝纪》，北京：中华书局，1965年，第189页。
④ 范晔：《后汉书·章帝纪》，北京：中华书局，1965年，第158页。
⑤ 范晔：《后汉书·孝顺孝冲孝质帝纪》，北京：中华书局，1965年，第263页。
⑥ 班固：《汉书·西域传上》，北京：中华书局，1962年，第3889页。
⑦ 范晔：《后汉书·孝灵帝纪》，北京：中华书局，1965年，第353页。
⑧ 卜友常：《汉代墓葬艺术考述》，上海：上海三联书店，2015年，第62页。
⑨ 中国陵墓雕塑全集编辑委员会：《中国陵墓雕塑全集·东汉三国》第三卷，西安：陕西人民美术出版社，2009年，第29页。
⑩ 孙泓：《从考古资料看西域文化在新罗的传播》，《朝鲜·韩国历史研究》，2009年，第71页。
⑪［日］宫治昭著，侯悦斯译：《东西文化交流中的巴米扬——以装饰纹样的比较为例》，《艺术设计研究》2011年第3期，第101页。
⑫ 张成渝：《洛阳北魏晚期石刻艺术中的西域美术元素》，《石河子大学学报》2017年第2期，第23页。

图一 （东汉）有翼石兽，高 190cm，长 297cm
1992 年河南省洛阳市孟津县老城乡油坊村出土，洛阳博物馆藏

2.“陆上丝绸之路”影响下的南朝陵墓石刻

与两汉相比，魏晋南北朝时期丝路沙漠路线的最大变化，是避开了异常艰险的白龙堆，另觅新途的努力得到了成功。这一新的丝路，一是使经过伊吾绿洲到吐鲁番的路线更为顺畅，二是使途经“五船北”的新道成为现实。《魏略·西戎传》：“道从敦煌玉门关入西域，前有二道，今有三道……从玉门关西北出，经横坑，辟三陇沙及龙堆，出五船，北到车师界戊己校尉所治高昌，转西与中道合龟兹，为新道。”[①] 这一时期，中国与波斯的来往进一步密切，文化交流亦更趋频繁，波斯多次遣使访问建康。《梁书·波斯国传》载：“中大通二年，遣使献佛牙。”两国政府间的友好往来为文化交流的进一步发展奠定了基础。滑国王给梁武帝奉献的方物中可见“至天监十五年，其王厌带蛮栗陁始遣使献方物。普通元年，又遣使献黄狮子、白貂裘、波斯锦等物”。就是在这一时期，中国富于神韵的绘画和雕刻传入了萨珊王朝，波斯绘画中的晕染法和连珠纹鸟兽纹样也传至南朝。就是在汉地工匠将西域艺术与中国传统石刻的融合中，富有萨珊艺术特点的有翼石兽经典造型最终形成。

梁思成先生在《中国雕塑史》一书中指出：“考古艺术之以石狮子为门卫者，古巴比伦及阿西利亚皆有之。然此西亚古物与中国翼狮之关系究如何。地之相去万里，岁之相去也千余岁。然而中国六朝石兽之为波斯石狮之子孙，殆无异议……至此以后，狮子之在中国，遂自渐成一派，与其他各国不同，其形制日新月异。盖在古代中国，狮子之难得见无异麟凤，虽偶有进贡自西南夷，然不能中土人人所见，故不得不随理想而制作。”[②] 林树中先生在《南朝陵墓雕刻》一书中，曾就朱希祖、滕固、朱偰、梁思成诸先生的意见，发表了自己的看法：南朝陵墓的天禄、辟邪石刻，应源自波斯。虽然这些石刻名称各异，其原型实为中国本没有的狮子。《汉书·西域传》《后汉书·班超传》《后汉书·张让传》《集古录跋尾》都详细记载了波斯石刻艺术的传入及其用途。不过，这种有翼神兽的雕刻，目前在我国可以上溯到战国时期中山国墓出土的有翼神兽，甚至在商代青铜器上已可找到有翼兽的纹饰。但是，自汉代石狮（辟邪）之类的雕刻始，包括南朝的陵墓雕刻，受波斯风格影响当无问题。只是一开始我们的民族并没有一切照搬，总是以本民族的文化为基础，再吸收外来的文化。[③]

南朝陵墓石刻在中国雕塑史上占有重要的地位，即使在世界艺术史上也占据重要的一页。陵墓神道两侧的石兽，上承两汉下启唐宋，将它们与汉代现存的石兽（如南阳宗资墓前的天禄、辟邪，四川雅州汉高颐墓的一对石兽）相比较，则汉代的石兽装饰比较朴素，南朝的石兽装饰比较繁复；汉代的石兽雕刻造型比较简单，而南朝的石兽雕刻则比较复杂。总体而言，南朝石刻虽然由简到繁，但是并未失去两汉石刻生动雄伟的气韵。在“艺术魅力”这一特定艺术价值定位上，陈传席先生认为：南京及周边地区的南朝石刻，是世界上最了不起的艺术之一。古埃及的石雕法老神像、狮身人面像（Sphinx），虽然闻名于世，但其艺术魅力赶不上南朝石刻。古希腊、古罗马雕塑固然准确逼真，但缺少夸张变化，艺术的感染力和气势也远不及南朝石刻。古印度的佛教造像，数量很多，造型优美，但艺术的魅力也赶不上南朝石刻。宽容一点说，南京及周边地区的南朝石刻可以和古埃及的神像、古印度的佛像、古希腊及古罗马的雕塑并称为世界四大雕塑艺术，但其艺术魅力居其首。[④] 毫无疑问，南朝陵墓石刻的形成受到了中外文化交流的影响。如果从更大范围的地域文明交流来看，南朝陵墓石刻以及中国其他地区的造型艺术可能也同样受到了其他并未直接接触过的古文明的影响。对此，罗宗真先生亦认为“文化交流中的艺术传播和发展，在中国是经过漫长道路的。早在秦汉时期它就不断地、逐渐地吸取了外来因素，学习了外来技巧，通过劳动人民的智慧而有新的创造。两晋以来，在雕刻方面，不只是继承两汉的风格，而且受到希腊、埃及、中亚、印度等地的艺术影响……

① 王炳华：《从考古资料看丝路开拓及路线变迁》，《西域研究》1991 年第 3 期，第 19 页。
② 梁思成：《中国雕塑史》，天津：百花文艺出版社，2006 年，第 63—64 页。
③ 章孔畅：《南朝陵墓石刻渊源与传流研究》，南京：东南大学出版社，2011 年，第 40 页。
④ 陈传席：《文脉与文明——〈南朝访古录：南朝石刻艺术总集〉序言》，《创意与设计》2018 年第 3 期，第 98 页。

从文献记录东西文化交流之频繁，以及中国北方云冈、龙门石刻的实物资料，就充分反映了这种东西融洽的迹象”。[1] 章孔畅先生持有同样的观点，他从史观和研究方法的角度，在外来文化的渊源问题上明确指出，其直接渊源是从公元前 3000 年开始在美索不达米亚、印度、埃及几处分别发展起来的几种有翼兽化形象（斯芬达克、拉玛苏、格里芬、希美辣等）……并认为在南朝陵墓石刻形象流传过程中，传来的外来因素经过两汉以来的本土汉化过程而基本定型；南朝陵墓石兽雕刻时期，可能再次受到当时中亚、西亚和欧洲的艺术风格的直接影响。[2] 回归本初，南朝陵墓石刻经典造型的创造是在不同文明之间文化艺术持续频繁的交流中实现的，而文化艺术的交流又依托陆上丝绸之路的持续畅通。

二、“海上丝绸之路”影响下的东亚地区雕刻艺术

20 世纪初，法国学者沙畹提出了“丝路有陆、海两道”，于是出现了“陆上丝绸之路”和“海上丝绸之路”两个概念。[3] 秦汉以来，中国人通过海上丝绸之路，将海洋变成沟通中外、连接东西的商贸和文化纽带。三国时期，经济与航海中心南移。东吴孙权定都建业（今南京），东晋时期又更名为建康，其后南朝宋、齐、梁、陈皆以此为都。建康城遂成为当时世界上最大的城市之一，同时也是东亚地区经济、文化和外交的中心。商贾与僧侣以及海外使节纷至沓来，“浮海诣建康”。秦淮河一带“贡使商旅，方舟万计”，奠定了南京作为当时中华文化圈的核心城市以及“海上丝绸之路”重镇的地位。六朝时期的中外经济文化交流，较之秦汉时期更为发达，特别是海上交通的开辟和拓展，中国特色的传统物质文化始终居于对外交流中的主导地位。这促使中国古代文明传至海外后，影响并促进了亚洲其他各国文明的发展。其中最典型的案例便是，中国文化艺术不断输入朝鲜半岛和日本列岛等地区。

1.“海上丝绸之路”对百济陵墓石刻的影响

公元前后，朝鲜半岛的高句丽国家首先形成，接着百济、新罗相继成立。三国分立的局面一直延续到公元七世纪。高句丽领有朝鲜半岛北部和辽东半岛以东的今中国东北大部分地方；而百济领有朝鲜半岛西南部，新罗领有朝鲜半岛东南部。东晋和南朝之际，中国与朝鲜半岛国家之间的交流趋于频繁。史载：“魏时，朝鲜以东马韩、辰韩之属，世通中国。自晋过江，泛海东使，有高句丽、百济，而宋、齐间常通职贡，梁兴又有加焉。”[4] 六朝时期，朝鲜半岛深受中国传统文化影响。高句丽贵族的服饰皆为宽衣博带，妇女的发式亦多模仿南朝。在百济旧都熊津（今公州）和泗沘（今扶余）的古墓中，都发现有镂空花纹的金冠饰物，其式样一如我国六朝时的形制。又如在新罗旧都金城（今庆州）等地，曾出土过一批陶罐和瓦当等陶制品，这些陶器上的花纹，与南朝出土文物完全相同。其中有一件镂空花纹铜马镜，亦酷似六朝时流行的工艺品。至于百济出土的铜佛和镀金佛，其造型和雕塑技术都深受六朝的影响。而六朝陵墓石刻艺术对朝鲜半岛的影响，便在武宁王陵中得到佐证。

武宁王是中国《梁书》所记载的百济王余隆，也是朝鲜《三国史·百济本纪》中的斯麻王，“武宁”是他的谥号。1971 年，在朝鲜半岛忠济南道公州郡宋王山里发掘出了武宁王和王妃的合葬墓（图二）。土筑的坟丘成圆形，直径约 20 米。地下的墓室为用模印有莲花纹和菱格网状纹的砖券砌的单室。东西两壁各设两个直棂窗，北壁设一个直棂窗，这五个假窗的上方都有一个灯龛。砖砌的棺床在墓室的北部，其上置木棺两具，东侧为王棺，西侧为妃棺。在通往墓室的甬道内，置王和妃的石质墓志（背面兼作买地券）各一方，墓志（包括买地券）用汉字镌刻，形式和内容都与中国南朝的墓志相似。武宁王陵内墓室的形制和结构以及所采用的墓葬规模（其中无神道碑）与南朝授予他的官爵品秩相吻合，符合南朝葬制。出土的铜镜应是流行于东汉末期，并且经专家考证来自南方无疑。

图二 武宁王陵墓室

① 罗宗真：《六朝考古》，南京：南京大学出版社，1994 年，第 101 页。
② 章孔畅：《南朝陵墓石刻渊源与传流研究》，南京：东南大学出版社，2011 年，第 179 页。
③ 贺云翱、苏宇红：《南京与海上丝绸之路》，《长江文化论丛》2017 年第 9 期，第 79 页。
④ 南京市地方志编纂委员会办公室：《南京通史·六朝卷》，南京：南京出版社，2009 年，第 382 页。

在甬道口处，即志石后方，便是用来护卫王墓的镇墓石兽（图三）。原本镇墓兽在百济的墓葬中并不常见。此石兽长47.3厘米，宽30厘米，嘴鼻粗短，耳朵小巧，造型壮实饱满，嘴唇上依稀能够看见红色的痕迹，身上刻有11条鬃毛和附在四条腿上的卷云形翅膀，头顶还有铁制的铸成后插入的鹿角状铁角。武宁王陵中的石兽与南朝墓中发现的一例猪和鳄鱼合成模样的镇墓兽十分相似。日本学者吉村营子对中国镇墓兽研究之后发现中国镇墓兽中的独角系镇墓兽成为主流，它们的作用并非单纯的守护坟墓，还有引渡死者到西王母那里，使其灵魂升仙的作用。由此看来，南朝文化对百济王室的墓葬风俗具有深刻的影响。[1]

图三 （南梁）镇墓石兽，长47.3cm，宽30cm，1971年韩国忠济南道公州郡宋山里出土，大韩民国国立公州博物馆藏

2.“海上丝绸之路”对日本雕刻艺术发展的影响

与秦汉时期中外文化交流侧重于军事政治外力开拓不同的是，当海上交通成为六朝对外交流的主要路径时，其更多的是侧重于宗教、艺术、学术思想、民族技艺等方面的交流。不同文明的交流传播所带来的效应，促进了中华民族优秀传统文化的进一步弘扬。中国大陆与日本列岛的交往有着悠久的历史。《汉书·地理志》记载：“乐海中有倭人，分为百余国，以岁时来献见。”两国始通时间当在汉武帝设置乐浪四郡之后，汉王朝继续与日本列岛诸部保持着友好关系。新莽时期，中国货币即已较多地流入日本。位于福冈的丝岛海边遗址中就出土有新莽的货泉等物。[2]三国时期孙吴与日本的交往始于黄龙二年（公元230年）。《三国志·吴书·吴主传》载孙权“遣将军卫温、诸葛直将甲士万人浮海求夷洲及亶洲”，“其上人民，时有至会稽货布，会稽东县人海行，亦有遭风流移至亶洲者”。可见当时日本与吴地交往甚密。此后，日本一直用“吴国”来称呼东晋和南朝，称江南人为“吴人”，而《日本书纪》等史籍对有关中国南方的人或事，前面总是要加一个“吴”字。这便是日本与孙吴交往所留下的历史痕迹。5世纪初，在今天的奈良地区兴起的大和国经东征西讨渐次统一了日本。这段时间也不乏双方直接交往的记录，尽管当时的汉族政权处于大规模内乱时期，并在北方少数民族的南下中丢失了半壁江山，实力大不如前，但在名义上依旧是华夏文化的正统。因此，大和政权不畏艰辛通过时断时通的航路来到建康，入贡东晋，此后南朝与日本的往来也有了进一步发展，日本多次向南朝派遣使节。[3]不过隋唐以前，由于航海技术的限制，中日直接横渡东海往来的较少，使臣和其他人员需以朝鲜半岛为中转，因此朝鲜半岛的百济就成为中日交往的重要中转点。

在日本飞鸟时代，随佛教传来的中国文化又以此为中心盛行开来。有关6世纪的艺术，因其遗物极为罕见，尚不明其真相。……这些寺院建筑以及寺院内的佛像、绘画等都受到中国六朝时代的影响，而这些中国北魏、东西魏时代的艺术以及同时代的南朝艺术都是经朝鲜传到日本的。在雕刻艺术方面，受中国魏晋南北朝时期文化影响，日本从雕刻石人、塑造埴轮等较为初始的技术阶段步入具备塑造高超艺术造诣的佛像式样的阶段。日本雕刻技术在这一阶段取得了飞跃发展。“现存最古的是飞鸟寺的本尊丈六释迦像（石造）。据《元兴寺缘起》和《日本书纪》，此像是推古天皇14年（606）由止利佛师及鞍作加罗尔等人所作。此像的样板是北魏后期即5世纪末开凿的龙门石窟中的宾阳洞诸尊。……广隆寺和中宫寺（在奈良县）的弥勒像吸收中国南梁佛像的式样，表现半跏思维的柔和自然形式。一般说来，南朝式样优美典雅，北朝式样纯朴刚健……。美术史家久野健说：‘可以说七八世纪的雕刻是从北魏至隋唐的中国雕刻史的缩图。’”[4]

结语

“丝绸之路”是记载亚欧非诸国几千年文明交流史的时代印

① 李惠：《从武宁王陵看古代东亚文化圈中的百济文化》，延边大学硕士学位论文，2011年，第31—32页。
② ［日］中山平二郎：《从遗物上看古代北九州的文化》，《历史与地理》3卷2号。
③ 南京市地方志编纂委员会办公室：《南京通史·六朝卷》，南京：南京出版社，2009年，第377页。
④ 吴廷璆：《日本史》，天津：南开大学出版社，1994年，第48—49页。

记，是沿线各个民族物质与精神文明的见证者和亲历者。当然，东西文化艺术的交流是双向的。例如，西域文明通过“陆上丝绸之路”对东方有翼石兽及南朝陵墓石刻造型风格的形成产生影响;而20世纪中亚的考古也证明了两汉时绮上的图案主题和铜镜背面的纹饰也传至西域并产生了相当影响[①]……这些都反映出丝绸之路中外文明交流所带来的独具特色的 “文化传播效应”。

传出文化对于借入文化的实用价值、传出文化被整合进借入文化的难易程度、两种文化之间的冲突等因素，影响到借入文化对传出文化的文化特征的接受能力与范围。正是丝绸之路极强的“文化传播力”，使得多种文明得以交流、碰撞与融汇，形成多文明交流峰点的延绵带，从而决定了这条文明之脉“多元化艺术风格”和“跨文化性艺术视野”的形成和拓延。融汇东西文明、延绵亚欧文化的丝绸之路文明，将作为中华优秀传统文化体系的有机组成部分。艺术领域内已有多个地区对此进行了试验探索，而江苏的当代雕塑应当凭借深厚的本地历史文化资源，创作出具有时代意义的作品。以“一带一路”为现实媒介，不仅是对中华文明丰富的积淀与内涵进行新的继承与弘扬，也遵循了中外文明双向互动的全新交流机制，可以为推动东西方艺术多元共融和全面发展尽绵薄之力。

① 王乐、赵丰：《从中国到罗马——帕尔米拉出土丝绸图案体现的艺术交流》，《艺术百家》2008年第5期，第195页。

南朝石刻艺术保护现状与集中保护方案探讨

文：杨祥民

一、引言

宗白华先生在他那篇著名的《论〈世说新语〉和晋人的美》中谈到汉末魏晋六朝，“是精神上极自由、极解放，最富于智慧、最浓于热情的一个时代。因此也就是最富有艺术精神的一个时代”。[①]自魏晋时期起，一些人开始按照自己所喜欢的方式待人接物，开始过自己所愿意过的生活。别人说他们“恣情任性”，而他们置若罔闻，我行我素。因而他们的生活显得很洒脱，很有特色。强调人的个性，追求人的独立，不再像传统儒家强调集体主义，很像西方文艺复兴，所以说六朝文采斐然、文艺博兴。

南朝陵墓石刻艺术，上承秦汉，下启隋唐，既有北方的雄浑刚健，又有江南的灵动秀丽，可与同时期的北朝石窟艺术遥相媲美。然而北朝石窟艺术更多地体现了外来宗教造像形式，北魏云冈石窟、龙门石窟是古印度石窟的翻版，并掺杂了少许胡风。南朝陵墓石刻作为传统雕塑大匠风度之体现，以及六朝艺术生动气韵之承载，是汉族造像艺术的美丽升华，是本土文化的绚烂绽放。其与王羲之的书法、顾恺之的绘画，在历史的时空交相辉映，皆为绝响！从这个意义上讲，南朝陵墓石刻的历史价值、文物价值和艺术价值都更胜一筹，应该赢得国人更多的关注和珍爱。

南朝石刻作为汉民族“衣冠南渡”的产物，继承了汉朝浪漫主义文化精神，承载了华夏民族的文化记忆，展现出昂扬、生动的精神面貌，自由舒展且内蕴力量。如果说北朝的大佛高达数十米，依山而造，气势恢宏，那么南朝的石兽虽然高不过几米，但其所蕴含的能量却是巨大的。那些石刻瑞兽身上所展现的不是动物的气势，而是一种人文的精神和力量。那气韵生动、充满无尽生机和想象力的天禄、麒麟、辟邪等石刻群，在世界雕塑艺术史上亦罕有可与其匹敌者。中国南朝石刻瑞兽，是用坚硬冰冷的石头所塑造的艺术生命，有血有肉，鲜活精妙，仿佛脉搏都在跳动，表现出一种压倒一切的气势，中国石刻艺术由此登上了历史高峰。埃及的狮身人面像，美国的自由女神像，都已成为闻名世界的地域符号，凝聚了国家民族的历史、文化和荣光。中国这些南朝石刻瑞兽形象，也有承担起这种重要角色使命的潜力和实力。相较于传说中的龙、凤形象，历史留存下来的南朝石刻实体，具有厚重真切的社会文化底蕴和历史传承价值！

十年前笔者曾发表文章《南朝陵墓石刻保护现状调研及对策》，随着城镇化的飞速发展和建设扩张，现在石刻文物及其所处环境又发生了巨大变化。这不仅包括石刻位置与环境的变化，也包括旧的石刻遗失、新的石刻发现等。不断更新变化的石刻信息，正说明需要建构一种长效和稳定的石刻保护方式。那么，当前南朝石刻的保护状况如何？已经采用的保护举措效果怎样？还有哪些问题需要解决、哪些工作需要开展？所有这些都需要我们进行全面深入的实地调研，为南朝石刻艺术的长远规划和保护工作做好充分的准备。

现在南朝陵墓地面上留存的石刻已不完整，其总体存世数量是首先需要掌握的问题。清代同治年间莫友芝所著《金石笔谈》较早著录了南朝陵墓石刻，书中共记有 8 处；清末张璜的《梁代陵墓考》中记有 14 处；1934 年朱希祖、朱偰父子等人的调查，共记录 28 处；1949 年以后的考古调查，共发现了 32 处，包括南京市（今南京栖霞区）10 处，江宁县（今南京江宁区）9 处，句容市 1 处，丹阳市 12 处，其中有名可考者 25 处。

2019 年暑假期间，笔者在国家艺术基金艺术人才培养资助项目（南朝石刻的临摹写生与传统雕塑的保护人才培养）的支持下，调研和整理了南朝石刻保存现状，分类汇总得出最新最全的数据：南京栖霞区原址保存南朝陵墓石刻 11 处，南京江宁区原址保存南朝陵墓石刻 8 处，镇江丹阳市原址保存南朝陵墓石刻 12 处，镇江句容市原址保存南朝陵墓石刻 1 处，另有从原址迁移到博物馆等新地点保存的南朝陵墓石刻共 12 处。总体统计，当前存世的南朝陵墓石刻共有44处，再加上已知近期佚失的7处南朝石刻，制作如下表格：

---

① 宗白华：《美学散步》，上海：上海人民出版社，1981 年，第 177 页。

序号	南京栖霞 原址保存南朝陵墓石刻（共 11 处）	备注
1	梁桂阳简王萧融墓石刻（公元 502 年）	地面存石辟邪二，石柱顶部小石兽一，位于南京栖霞区
2	梁安成康王萧秀墓石刻（公元 518 年）	地面存石辟邪二，石柱一，石柱础一，石碑二，龟趺二
3	梁始兴忠武王萧憺墓石刻（公元 522 年）	地面存石辟邪二，石碑一，龟趺二
4	梁吴平忠侯萧景墓石刻（公元 523 年）	地面存石辟邪一，神道石柱一，地下埋石辟邪一
5	梁鄱阳忠烈王萧恢墓石刻（公元 526 年）	地面存石辟邪二，原址建公园
6	梁临川靖惠王萧宏墓石刻（公元 526 年）	地面存石辟邪一，石柱二，石碑一，龟趺一，原址建公园，加装亭子、玻璃保护
7	梁建安郡王萧伟墓石刻（公元 532 年）	地面存残缺石柱二
8	梁新渝宽侯萧暎墓石刻（公元 544 年）	地面存石柱一
9	南朝徐家村失考墓石刻	地面存石柱一
10	南朝神巷失考墓石刻	地面存残损龟趺一
11	陈文帝陈蒨永宁陵神道石刻（公元 566 年）	地面存石麒麟、天禄各一，另有梁昭明太子萧统安宁陵石刻（公元 531 年）之说
序号	**南京江宁 原址保存南朝陵墓石刻（共 8 处）**	**备注**
1	宋武帝刘裕初宁陵石刻（公元 422 年）	地面存石麒麟、天禄各一
2	梁建安敏侯萧正立墓石刻（公元 511 年）	地面存石辟邪二，石柱二
3	陈武帝陈霸先万安陵石刻（公元 559 年）	地面存石辟邪二，原址建公园，加装亭子、玻璃保护
4	南朝方旗庙失考墓石刻	地面存石辟邪二，原址建公园，加装亭子、玻璃保护
5	南朝侯村失考墓石刻	地面存石辟邪二，石柱一，加装亭子、玻璃保护
6	南朝宋墅失考墓石刻	地面存石柱一
7	南朝耿岗失考墓石刻	地面存石柱一
8	南朝后村失考墓石刻	地面存残损龟趺一
序号	**镇江丹阳 原址保存南朝陵墓石刻（共 12 处）**	**备注**
1	丹阳陵口镇齐梁陵墓区域入口处石刻	地面存石麒麟、天禄各一
2	齐宣帝萧承之永安陵石刻（公元 479 年）	地面存石麒麟、天禄各一
3	齐武帝萧赜景安陵石刻（公元 493 年）	地面存石麒麟、天禄各一
4	齐景帝萧道生修安陵石刻（公元 494 年）	地面存石麒麟、天禄各一
5	齐前废帝郁林王萧昭业墓石刻（公元 494 年）	地面存石辟邪二
6	齐后废帝海陵王萧昭文墓石刻（公元 494 年）	地面存石辟邪二
7	齐明帝萧鸾兴安陵石刻（公元 498 年）	地面存石麒麟、天禄各一
8	梁文帝萧顺之建陵石刻（公元 502 年）	地面存石麒麟、天禄各一，石柱二，龟趺二，方型石础二
9	梁武帝萧衍修陵石刻（公元 549 年）	地面存石天禄一
10	梁简文帝萧纲庄陵石刻（公元 551 年）	地面存石天禄一
11	齐金王陈失考陵墓神道石刻	地面存石麒麟、天禄各一
12	三城巷失考墓石刻（一）	地面存石柱二
序号	**镇江句容 原址保存南朝陵墓石刻（共 1 处）**	**备注**
1	梁南简王萧绩墓石刻（公元 529 年）	地面存石辟邪二，石柱二
序号	**迁移保存 南朝陵墓石刻（共 12 处）**	**备注**
1	南朝太平村失考墓石刻	现存石兽一，迁移收藏在南京博物院，1984 年发现于南京栖霞区燕子矶镇太平村太子凹
2	南朝蒋王庙失考墓石刻	现存石兽一，迁移收藏在南京六朝博物馆，2003 年在明岐阳王李文忠墓园管理用房内发现，因属于南京蒋王庙地带，故称作南朝蒋王庙失考墓石刻
3	南朝东善桥失考墓石刻	现存石柱一，迁移收藏在南京六朝博物馆，20 世纪 70 年代发现于南京江宁区东善桥
4	南朝耿岗失考墓石刻	现存石柱二，一件收藏在南京江宁区博物馆，另一件位于南京江宁区耿岗村原址
5	南朝麒麟山庄失考墓石刻	现存石兽一，迁移收藏在南京江宁区博物馆，2009 年发现于南京麒麟山庄
6	南朝马家店失考墓石刻	
7	苏州东吴博物馆藏南朝失考墓石刻	现存石辟邪一，收藏安置在苏州东吴博物馆，原址不详
8	南朝三城巷失考墓石刻（二）	现存石兽一，收藏安置在丹阳天地石刻园内，发现于丹阳三城巷
9	南朝狮子坝失考墓石刻	现存石兽一，原位于南京栖霞区狮子坝村，2016 年被盗追回后没有重放原址，此后迁移收藏在博物馆
10	丹阳博物馆藏南朝失考墓石刻	丹阳博物馆存两件南朝石刻，均为兽足，应为帝陵石兽残件。其一较大，遗存尾部及一兽足；另一件仅余兽足，别无他物。石刻遗存来历不明，有泰安陵遗物之说
11	上海震旦博物馆藏南朝失考墓石刻	2007 年纽约苏富比拍卖所得一件石兽，属于从美国回流而来的文物。震旦博物馆名之为“南朝神兽”，头顶双角，并认定其为南朝中晚期作品，而且是丹阳地区某齐梁帝（后）陵墓神道的左侧天禄
12	南京博物馆藏南朝失考墓石刻（卞壶墓石碣）	南朝失考陵墓神道石柱，大约宋代时为东晋名将卞壶墓改刻成石碣（石碑），柱身 24 道棱纹仍具有最初石柱的风格，现安放在朝天宫内南京博物馆，原址不详

序号	已知近期佚失的南朝陵墓石刻（共7处）	备注
1	梁临川靖惠王萧宏墓石刻西辟邪	西辟邪因为碎成了好多块，部分体表纹样仍旧清晰，甚至雄性器官都非常清楚，2014年媒体报道石辟邪残体佚失
2	梁安成康王萧秀墓石柱顶部石辟邪	萧秀墓神道石柱顶部石辟邪被雷击坠落，1924年江苏省省长韩国钧将其保存在南京古物保存所，抗战期间下落不明
3	南朝张库村失考墓石刻	石柱二。南侧石柱柱身断为两截，横卧田中；北侧石柱仅剩柱础，上镌双螭，张口衔珠，抵首交尾，脊部隆突，栩栩如生。1997年5月发现，后佚失。2012年6月《金陵晚报》亦曾对张库村失考南朝陵墓神道石刻"失踪"事件进行报道
4	南朝官塘失考墓石刻	石柱一。朱偰《建康兰陵六朝陵墓图考》一书中记录，当时仅能见一石微露地表，现已经完全湮没不见
5	南朝灵山失考墓石刻	石兽二。东兽残，西兽完整，长约1.2米，高约0.8米，东西相对，相距约30米。1956年、1972年南京文保部门发现，后佚失
6	南朝宋墅失考墓石刻东石柱础	南京江宁区宋墅失考石刻现仅存西神道石柱一，上有圆盖。据文物资料记载，本来有"神道石柱、柱础各一，东西相对。西神道石柱础和部分柱身下陷土内。东石柱已毁，仅存柱础，距西石柱23米，东石柱础边长1.08米，高0.5米，从石刻造型看可鉴定为南朝梁时的石刻"
7	齐高帝萧道成泰安陵石刻	永安陵石刻西面赵家湾，旧有齐高帝萧道成泰安陵两石兽残躯，相距18.5米，1968年因其在农田碍事而被人炸毁清理

南朝陵墓石刻保存状况汇总表（截至2019年10月）

二、保护现状分类

本次对于南朝石刻艺术的调研梳理，仍以政府所立文保碑标注为参照进行命名，力求最全面、最完整地呈现南朝石刻的保护现状。从总体上看，南朝陵墓石刻所遭受的损害不外乎两个方面：自然和人为。对于南朝石刻的保护工作也应该围绕这两个方面进行。自然损害与气候和环境密切相关，主要来自酸雨、风蚀、水侵、冻融[①]、曝晒等，并且各种菌、苔、藻类依附在石刻上生长，也会对石刻产生分解和破坏作用。人为损害既有无意性破坏、无知性破坏，也有建设性破坏和蓄意而为的恶性破坏。笔者在调查中发现，这些南朝陵墓石刻面临不同的处境，它们的保护状况也是各异。有的采取了保护举措，但并不代表这样的石刻境遇就很好；有的仍处于原生状态，但由于远离人群、环境较好，所以遭受损坏的风险并不大。

（一）采取保护措施的石刻

1. 公园开放式保护

公园开放式保护是指在石刻原址或邻近兴建公园，或者建成公共休闲场地。一方面，公园开放式保护的石刻有助于景区建设，提高了公园的文化品位和观赏价值，并使更多的人得以近距离领略石刻的风采；但另一方面，由于石刻是完全开放、赤裸摆放于公共空间里，游人前来光顾，风雨也来光顾，但针对人为破坏和自然破坏的防护措施并没有做到位。这就容易造成石刻只是被当作公物而非文物展示在公共空间里，从保护的角度来看，其本身并没有得到切实有效的保护，更多的是用于支持公共空间建设。

图一 梁鄱阳忠烈王萧恢墓神道石刻

萧恢墓位于栖霞区栖霞街道新合村，所在区域2007年才从菜地改造成公园。萧恢墓石刻在公园的东面，存有东西对列两只辟邪，相距约19.6米（图一）。两辟邪皆为雄性，无角，双翼，颈粗短，昂首张口，长舌及胸，额须披拂，头有鬣，翼翎五支，背及前胸均有凹沟，周身纹饰已风化漫漶。东辟邪原纵断为二，1955年整修时用水泥接补破裂处，并加铁箍，腹下置横档支撑；1992年夏用化学黏合剂充填后去箍。西辟邪头部残缺，躯体风化斑驳，原腹下部分埋土中，1984年整修时从土中清出升高。两只辟邪用约30厘米高的水泥护栏围起，很难产生切实有效的保护作用。

① 所谓冻融，指石头裂缝中的渗水遇冷结冰膨胀，导致石质进一步开裂。在南京夏热冬寒的气候条件下，冻融作用加剧了六朝石刻的进一步风化。

图二　梁 始兴忠武王萧憺墓神道石刻

萧恢、萧憺均为梁武帝萧衍的异母弟，他们的墓地东西相邻，两者相距约有60米。萧憺墓石刻在公园的西面，墓前现仅存辟邪、石碑、龟趺（图二），但均遭破坏。东辟邪为雄性，头部残缺，腰部中断，腿足也断缺。它的腹下置一小辟邪，高1.04米、长1.04米，张口伸舌作伫立状，腹下与前后腿之间未镂空，雕刻简朴生动。它的胸前还有一只与之相似的小辟邪，但是头部残损，已经面目全非。两只小辟邪应为移来之物，它们并不与大辟邪连为一体。萧憺墓西辟邪与东辟邪相距16.5米，现在仅存左侧胯部残石立在地上，这种情况只能是人为破坏的结果，西辟邪残石被小罩棚围挡遮盖，不便观看。石碑西碑仅存龟趺，处在一个小土坑里，很容易被埋没地下。东碑处在封闭的碑亭中[1]，紧锁的铁栅栏门使它受到严格的保护，但也难以让人观览其面貌了。

图三　梁 南平元襄王萧伟墓神道石刻

萧伟墓的神道石刻遗址，位于南京市栖霞区恒飞路与仙新路交叉口东侧的街边公园里（图三）。这里以前是荒地，现在经过规划建设，成为一个整齐的公共绿地空间。现存一些残破的石柱段落、石块，西石柱仅剩柱础，东柱础还存有一小截石柱插在上面，石座上刻双螭。因为这里长期处在化学工业区，石刻被侵蚀风化得相当严重，不仅上面的纹样难以辨识，甚至留有许多巨大的坑坑点点。萧伟墓的神道石刻遗址以前是荒地，现在经过规划建设，成为一个整齐的公共绿地空间，石刻有序分布在草地上。

2. 公园亭子式保护

上述萧憺墓神道石刻东碑，长期处在封闭的碑亭中，确实起到了实际的保护作用。石碑保存状况较好，石碑上的大量文字也免受盗拓破坏。但是这座砖墙密闭式碑亭，里面的石碑独居幽室，也完全阻隔了人们的参观。近年来南京市栖霞区、江宁区对一些露天南朝石刻，加盖水泥立柱亭子遮风挡雨，四面用透明玻璃围挡，让人们现场四面参观的同时，也能阻挡人为的接触破坏石刻。只是兴一利就生一弊，石刻及玻璃非常容易布满灰尘，给人们的参观和拍摄都带来很大不便。

图四　梁 临川靖惠王萧宏墓神道石刻

萧宏墓神道石刻位于学则路地铁站南面500米处，此地已修建成萧宏墓石刻公园，现存石辟邪二、石柱二、龟趺二、石碑一（图四）。十年前去看时，石刻全部浸泡在水中，东辟邪底座和臀部都破损，西辟邪残块掩盖在杂草之下，但部分体表纹样仍旧清晰，甚至雄性器官都非常清楚。现在这些石刻成为公园的主题，全部重新规划建设，修建了亭子覆盖和玻璃围挡保护。东柱曾经断为数段，损毁严重，现在已经修复。西柱柱身有28道棱纹，为南朝神道石柱中棱纹数最多者。但是西辟邪因为碎成多块，长期横卧在水沟蔓草中，并没有进行围挡保护。2014年9月媒体报道《国保文物南朝萧宏墓石刻不翼而飞》，萧宏墓西辟邪的残躯碎石丢失，至今下落不明。

万安陵神道石刻留存一对石兽，位于江宁区上坊镇的白马公园中心（图五）。北兽颈部破碎残缺，腹部及前胸下都用石块支撑，身上裂痕遍布，并附有一层暗浊色；南兽右后臀部也有开裂，头部上下颚都有残缺。据当地人讲，抗战期间石兽曾遭受日军机枪的扫射，胸前的破碎显然是外力所为。笔者访谈过曾在部队担

①据记载，此地很早就有碑亭。抗日战争期间日军侵占南京并将碑亭拆毁，使石碑长期遭受风化，龟趺埋于土中。1949年后政府多次将石碑和龟趺升高加固，并重新建造了现在的碑亭。

任团长的丁峰先生，他长期关注南朝石刻的保护状况，也认为北兽胸前的破碎状况是枪弹造成。另外，笔者还了解到距离这对石兽几百米处，曾经还有一龟趺、一对石柱，当地老年人甚至还能细致地描述出石柱的样式，上部有一圆盘，盘上有小兽……但是，近二三十年的时间里它们都消失了。现存两石兽各建亭子覆盖，四面有玻璃围挡保护。只是公园周围正在拆迁建设，公园也渐渐变得荒芜，万安陵石刻的未来处境尚不可知。

图五　陈武帝陈霸先万安陵神道石刻

图六　南朝　方旗庙失考墓神道石刻

方旗庙失考墓神道石刻为两只石辟邪（图六），置于南京江宁方旗庙石刻湖公园中心，也是公园的主题。这对石兽原本处在农田里，又最为远离南京市区，一度被称为“最默默无闻的南朝石刻”。西辟邪躯体后半已失，左后腿不存，右后腿存半；东辟邪较完整，右侧身体也有开裂，自胸前右翼贯穿至右前腿，面部受侵蚀较重，右前腿中也有开裂。现在两辟邪各建有亭子覆盖，四面有玻璃围挡保护。

3. 野外亭子式保护

侯村失考墓神道石刻位于江宁区侯焦路边的草地上，离马路最近的是墓阙石柱，这是南朝以前特有的墓道石柱（图七）。侯村石刻现存两石兽和一石柱，处在无人看护的野外路边，分别建亭子覆盖，并用玻璃围挡保护。石柱在北面，柱头圆盖及顶上小兽已失；柱额尚存，但其上文字已磨灭无存，柱额下仅饰一圈绳辫纹；柱身饰瓦楞纹，但已严重风化，变得十分脆弱，有的地方用手便能碰掉一块。两只辟邪在南面，同样风化严重，身上纹饰全无，裂痕遍布。东辟邪已面目全非，左前腿严重开裂，尾部也断失。西辟邪头部、胸前因风化而现出层层叠叠的石纹肌理，腹下、臀下都用石块支撑。此处由于长期无人看护打理，尘埃厚积，杂树丛生，是一处容易被遗忘的石刻。

图七　南朝　侯村失考墓神道石刻

4. 棚罩式保护：

图八　梁　安成康王萧秀墓神道石刻[1]

梁安成康王萧秀墓神道石刻位于甘家巷小学入门的两侧，地面存石辟邪二，石柱一，石柱础一，石碑二，龟趺二（图八）。长期以来，这里是保护措施较好的一处南朝陵墓石刻：用透明钢梁大棚对陵墓石刻进行加顶笼罩，使石刻受风化和侵蚀的速度减慢；用合金护栏将石刻与道路隔开，使得行人不能随意进入进行破坏；石刻前面有专门的排水沟，能防止石刻受到雨水的浸泡；每一石刻前面都有说明牌，详细介绍其文物价值和艺术价值，能够引起大家对它们的珍视。但是 2019 年该片区已经全部拆迁，甘家巷小学也是人去楼空，这是目前萧秀墓神道石刻保护面临的重大变故。

①南朝陵墓神道石刻，一般包括三类共三对石刻，依序排列为一对石兽、一对石柱、一对石碑。只有个别陵墓，如梁安成康王萧秀墓神道石刻，设立三类共四对石刻，一对石兽、一对石柱、两对石碑。萧秀的弟弟始兴忠武王萧憺，陵墓神道两侧也是设立三类共四对石刻。东石碑一件较完好，保存在碑亭内，另一件只有残破石碑龟趺座；西石碑也是一件只有石碑龟趺座，另一件则完全佚失。这两位兄弟的陵墓神道竟然各自树立两对石碑，在南朝石刻中显得鹤立鸡群，引起业内专家的注意。

图九　宋武帝刘裕初宁陵神道石刻

初宁陵神道石刻位于南京江宁区麒麟镇麒麟铺村，所存两件石兽是南朝最早的帝王陵墓石刻（图九）。石兽原被村舍包围，现在被拆迁的瓦砾包围。两石兽分处于道路两边，各被铁皮搭棚和铁栅栏包围，形成隔离和保护之势。东南方的天禄四肢皆失，全凭石块支撑；左翼与身体开裂严重，胸前风化形成的石体纹理明显，并有类似子弹打出的坑洞，尾部也残失。西北方的麒麟头部破碎残缺，左前腿中部有明显断痕，腹下、胸前也用石块支撑。初宁陵神道石刻紧邻一条马路，各种车辆从两石兽间贴行穿过，日夜不息，带来了巨大的噪音、尘埃和震动等破坏作用。这种铁皮搭棚也是在拆迁环境中的权宜之计，既不美观也不能长久，迫切需要对石刻的未来进行长远规划与妥善安置。

5. 围栏式保护

图十　梁 桂阳简王萧融墓神道石刻

萧融墓石刻位于南京栖霞区炼油厂小学以北，由东北、西南相对的两只巨型辟邪组成（图十）。东北侧辟邪保存尚好，头微南偏。西南侧辟邪原已残缺严重，通体南半如刀劈去四分之一，北半亦剥蚀，后臀上部缺一大块，上额部分分裂，胸前有纵横裂纹，现在虽然已经修复，残块被较好地黏合在一起，但身上密密的伤痕依然令人触目惊心。两辟邪石刻基座高出地面，以前只有约30厘米高的大理石护栏包围，现在已经有一米多高的木栅栏围挡保护，能有效防止游人攀爬进入。

图十一　梁 吴平忠侯萧景墓神道石刻

萧景墓神道石刻原位于南京栖霞区宏成油罐厂入口处，现用木栅栏围挡（图十一）。路东有一石辟邪，腰部有宽约3厘米的裂痕，左半身自腰至后臀残缺，左前腿断裂，与底座分开。1980年代南京市以这只辟邪为取样原版，确定了官方的城市标志物辟邪图案。另一只辟邪也曾掘出地面，因残缺严重一时无法修复，遂又埋入原来地下。路西有一石柱，树立了一根高高的避雷针，这是南朝石刻中唯一安置了避雷针的石柱，也是保存最完整的石柱。柱额处反书“梁故侍中中府将军开府仪同三司吴平忠侯萧公之神道”，属于字迹清晰的“反左书”楷书字体。①

---

①目前在南京、丹阳、句容等地，发现有南朝陵墓神道石柱遗存共16处，合计23个石柱。其中神道石柱上柱额文字最为清楚完整的有3处，共5个：
（1）梁吴平忠侯萧景墓神道石柱1个；（2）梁文帝萧顺之建陵神道石柱2个；（3）梁南康简王萧绩墓神道石柱2个。
神道石柱柱额上文字虽残损模糊但仍能辨认的有4处，共7个：
（1）梁临川靖惠王萧宏墓神道石柱2个，其中1个容易辨认；（2）安成康王萧秀墓神道石柱2个，其中1个仅留下柱础；（3）梁新渝宽侯萧暎墓神道石柱残体1个；（4）梁建安敏侯萧正立墓神道石柱2个。
神道石柱柱额上文字或柱额完全消失的有8处，共10个：
（1）南朝宋墅失考墓神道石柱1个；（2）南朝徐家村失考墓神道石柱1个；（3）南朝侯村失考墓神道石柱1个；（4）梁南平元襄王萧伟墓神道石柱2个，皆残损严重；（5）丹阳三城巷南朝失考墓神道石柱2个；（6）六朝古都博物馆藏东善桥南朝失考墓神道石柱1个；（7）南朝耿岗失考墓神道石柱2个，分别处于原址和江宁博物馆。
另外，还有1处南朝神道石柱，在南京朝天宫内南京博物馆保存，柱身有24道棱纹。据推测应是北宋庆历三年（公元1043年），将其改成“卞壸墓石碣”。这座东晋时期名将卞壸墓的石碣（石碑），铭刻“晋尚书令假节领将军赠侍中骠骑将军咸阳卞公墓”几个大字，清晰可辨，传为时任江宁知府叶清臣所书。
那些南朝神道石柱柱额上能够辨认的文字，大小不同格式有异，特别是既有正书也有反书。反书就是以左手反写的特殊书体，又叫“反左书”“镜子书法”“众中清闲法”。南朝梁时盛行的这种“反左书”，当时庾元威《论书》中说：“反左书者，大同中东宫学士孔敬通所创，余见而达之；于是座上酬答，诸君无有识者，遂呼为众中清闲法。”根据古代从上而下的竖写文字方式，自右至左则是顺读，自左至右就是逆读。
梁临川靖惠王萧宏墓神道东石柱的柱额文字难以辨认，西石柱的柱额上是以正书顺读刻记的铭文：“梁故假黄钺／侍中大将军／扬州牧临川／靖惠王之神／道”，文字较小，共分五列。
南朝陵墓神道石柱上的“反书”只有梁时两例：南京的梁吴平忠侯萧景墓神道西侧右石柱，柱额上刻有反书顺读铭文：“梁故侍中／中抚将军／开府仪同／三司吴平／忠侯萧公／之神道”；丹阳的梁文帝萧顺之建陵两神道石柱，柱额上都有刻记铭文“太祖／文皇／帝之／神道”，左石柱为正书顺读，右石柱为反书逆读。可见这两处同为右石柱的“反书”，却有顺读和逆读的不同。
南京的梁散骑常侍司空安成康王萧秀墓神道石柱，现在柱额上文字漫漶难识，清代莫友芝曾根据西石柱柱额上残存的“故散”两字，结合神道碑碑额上的文字，推测出萧秀墓神道西石柱柱额前两行文字是“梁故散骑常侍”，也是反书顺读，与萧景墓神道石柱柱额文字同类。

图十二　梁 南康简王萧绩墓神道石刻

梁南康简王萧绩墓的神道石刻位于句容市华阳镇石狮沟村（图十二），神道石刻在石狮沟村东南方的一块空地上，四周用植物围成了一个方形的绿化隔离带。地面石刻现有一对石柱和一对石兽，石柱在北，石兽在南，皆是东西相向而立。近年来对每一石柱和石兽，都树立起金属围栏保护。石柱保存较完好，只是西柱圆盖前后断失，上面小兽也因之残缺，据说这是雷击破坏的结果，石柱至今没有避雷装置。神道石柱南面两石辟邪体量庞大，是所有南朝石刻辟邪中最宏伟的一对。

图十三　梁 丹阳陵口石刻

丹阳市陵口镇古老的萧梁河两岸，有一对隔河相望的石兽（图十三），守护着进入齐梁皇陵的门户，这就是陵口石刻。两石兽均为雄性，雕刻精致，纹饰华美，并且高大饱满，不失宏伟气魄，现在各有一圈铁栅栏围挡保护。河西为独角麒麟，北临健身广场，东依道路和民居。麒麟躯体庞大，但四肢皆失，用两块长条石支撑身下，头上独角、身后尾巴都已不存，上颌也被损毁。河东为双角天禄，西、南两面贴近房舍。天禄头上左角断去一半，右下齿也断，左前腿下部毁坏，右前腿遗失，胸前腹下有横竖两长石柱支撑。

6. 迁徙至博物馆保护

1984 年在南京栖霞区燕子矶镇太平村太子凹出土的一只石辟邪，体型较为矮小，头部略残，尾巴也亡佚。由于风化严重，身上纹饰全无，布满裂痕。石辟邪先是被迁至南京博物院内露天摆放，四周没有任何防护措施，时常有人坐上休息。后来石辟邪被迁移至博物院展厅内，受到院方的重视，也受到参观者的珍视，保护状况得到改善，是目前受保护级别最高的南朝石刻（图十四）。

图十四　南京博物院藏南朝太平村失考墓神道石刻

图十五　丹阳博物馆藏南朝失考石刻

图十六　丹阳天地石刻园藏南朝失考石刻

在丹阳博物馆的院落中，散落若干石刻、墓志等，其中有两件南朝石兽残躯也杂处其中，并没有受到重视和保护（图十五）。丹阳博物馆中的这两件南朝石刻，根据其风格样式判断，应为帝陵天禄或麒麟残件。其一较大，遗存仅余尾部及右后趾爪；另一件仅余兽足，别无他物。两件石刻遗存来历不明，有被炸碎的泰安陵石兽遗物之说。

江苏省丹阳市的天地石刻园，收藏了上至西汉、下至民国的近 8000 件中国历代石刻，致力于打造亚洲最大的石刻主题游乐园。2011 年在三城巷出土的失考石兽，被迁移安置在丹阳天地石刻园内露天展放，具体位置是园区大石桥的入口处（图十六）。石兽周身遍布残痕裂隙，左前爪下握一小石兽，小石兽整体样貌依旧完整。这件呈现蹲姿的有翼石兽，与丹阳烂石弄石兽相似，据考证应为南朝梁时所造。

图十七　江宁区博物馆藏南朝麒麟山庄失考墓石刻

图十八　南朝耿岗失考墓石刻

2009 年在南京麒麟山庄发现一件南朝石兽，故而名之为“麒麟山庄失考墓石刻”，现收藏在南京江宁区博物馆（图十七）。馆方将石兽命名为“石辟邪”，置于室内展示，其尾部与四肢均残缺，风化严重，仍可辨别出是王侯墓前的石辟邪。由于原出土地点属于刘宋皇族墓葬区，所以石兽可能是刘宋时期的遗存，还有人认为其墓主人就是《世说新语》的作者刘义庆。

南朝耿岗失考墓尚存石刻两件，皆为石柱。其中一件仍在原址耿岗村保存，另一件石柱被运到江宁区博物馆保存（图十八）。石柱仅留存柱头部分，柱额文字已经无法辨认，馆方名之为“石华表”，与麒麟山庄失考墓“石辟邪”安放于同一展区。

图十九　六朝博物馆藏南朝蒋王庙失考墓石刻

图二十　南朝东善桥失考墓石刻

蒋王庙失考墓石刻因2003年在南京蒋王庙地带发现而得名，当时被遗弃在明岐阳王李文忠墓园堆放杂物的管理用房内，现在收藏于六朝博物馆中（图十九）。这件石兽尾部与四肢及头部下颌以上部位全部缺失，通体风化严重，胸部鼓凸，隐约可见向两侧伸展的卷翎纹，短翼，翼膊可见阴刻羽纹。根据推测，这处石刻应该是南齐时期陵墓遗存。

20 世纪 70 年代在南京江宁区东善桥发现的南朝失考墓石柱，形制与耿岗石柱类似，仅留存柱头部分，柱额文字尽失，柱身风化更为严重。现在与蒋王庙失考墓石兽一同收藏在六朝博物馆中（图二十）。

图二十一　苏州东吴博物馆藏南朝失考石刻

图二十二　上海震旦博物馆藏石兽

苏州东吴博物馆收藏一件石辟邪，属于南朝时期的遗物，被定为镇馆之宝（图二十一）。石辟邪符合王侯墓石刻的形制风格，但具体出处尚不可考。石辟邪后部身躯及后腿部都曾断裂，被重新黏合在一起。博物馆为其建造了巨大的亭子遮盖，四周并无玻璃围挡，可以供人无障碍参观。

上海震旦博物馆藏石兽为 2007 年纽约苏富比拍卖所得，属于从美国回流而来的文物，并被尊为震旦博物馆的镇馆之宝（图二十二）。这件石兽头上有双角，属于南朝帝陵前的天禄类型。虽然四肢及尾部都已断失，但仍旧不失神兽风范。石兽昂首挺立，颔下须髯垂胸，肩生两翼，同时在前胸、下腹部又有横隔纹，用以凸显强壮的肌肉。这件石兽馆方名之为“南朝神兽”，并认定其为丹阳地区某齐梁帝陵神道的左侧石刻。但是石兽高度仅 1.2 米左右，似乎不符合南朝帝陵石兽的体量。

图二十三　南京博物馆藏南朝失考墓石刻（卞壶墓石碣）

位于南京朝天宫的南京博物馆，保存一件南朝神道石柱（图二十三）。大约在北宋庆历三年，石柱被改造成卞壶墓石碣，也就是为东晋名将卞壶墓所制的石碑。上面铭刻“晋尚书令假节领将军赠侍中骠骑将军咸阳卞公墓”几个大字，传为宋代时任江宁知府的叶清臣所书，至今清晰可辨。若从本源上看，这件柱身有 24 道棱纹的卞壶墓石碣仍属于南朝石柱。

（二）缺少保护措施的石刻

1. 所处环境较好的石刻

图二十四　齐明帝萧鸾兴安陵神道石刻

在丹阳市荆林镇三城巷的田野中，集中坐落着多处南朝陵墓石刻。最南面的是齐明帝萧鸾兴安陵神道石刻，尚有南北两石兽留存（图二十四）。南兽头上独角已残，面部、耳朵有残损，齿失落。

北兽损毁严重，头部尽失，仅有前部躯干和右前腿。残躯也是由破碎的石块重新聚合在一起的，遍布修复黏合的痕迹，躯干下面用三块方石支撑。

图二十五　梁文帝萧顺之建陵神道石刻

从兴安陵神道石刻向北约100米的水田里，便是建陵石刻（图二十五），这里是南朝诸陵中遗存石刻最为丰富的一处。石刻自东向西依次排列，石兽、石台基座、石柱和龟趺座各一对，共计四对八件石刻。石兽与石柱之间多出的一对石台基座，隔神道对称分布，为萧顺之建陵所特有。石兽南为独角麒麟，北为双角天禄，麒麟独角已残缺，四肢及尾部都已修复完整。天禄双角也残缺，面部损毁，四肢及尾部都不存在，用两长石、两立石支撑躯体。每一石台基座由四方石块构成，四方石块分据四角，隔空围成一个正方形，只是石台基座上原物不存。四方石块内侧两边缘各有“T”形榫眼，彼此对应，是研究石台基座性质和用途的重要线索。两石柱南北对称，形制相仿，上部柱顶覆莲状顶盖上的小兽已经不存在了。龟趺又称赑屃，上面的石碑现都无存，仅留趺座。

图二十六　梁武帝萧衍修陵神道石刻

图二十七　梁简文帝萧纲庄陵神道石刻

从建陵石刻向北约400米处田野里便是修陵石刻，陵前现存有南朝陵墓石刻中最完整的一只天禄（图二十六）。天禄头上双角保存完好，顺颅顶后伏，两角中部起节。颌下长须卷曲，垂于胸际。身侧有双翼，翼面纹饰前为阴刻涡纹，后续浮雕翎羽。胸前、腹下有两方石辅助支撑庞大的躯体。后面兽尾粗壮有力，盘落接地。它的爪有五趾，这与其他南朝陵墓的石兽只有四趾明显不同。

修陵向北约60米是庄陵，这里仅存一石刻天禄，后半身断失，只剩头部、胸部和前面两腿（图二十七）。残躯下用两块方柱石支撑，立在长方形的基座上。天禄头上右角已毁，只残留左角。面部保存尚好，圆目巨口，神威不减。它的右前爪损坏，但从留存的左前爪来看，雕刻非常生动：掌下按一小兽，趾端高高翘起，流露出得意扬扬的姿态。

图二十八　三城巷出土南朝失考神道石刻

2008年前后当地人在梁武帝萧衍修陵北面，挖出两根残损的16道棱纹石柱。柱头、柱座皆遗失不见，仅留下一截柱身，属于典型的南朝陵墓石柱。后来文物部门把两石柱从修陵北面移到修陵南面偏西约60米处，并浇注水泥底座将之树立和固定起来，也算是进行了原址安置。这对石柱不属于梁武帝萧衍的陵墓石刻，但其所属墓主人也应该和梁武帝萧衍有密切关系。

图二十九　齐武帝萧赜景安陵神道石刻

齐武帝景安陵神道石刻，位于丹阳市云阳镇田家村南400米处，即原来的建山乡前艾庙。石刻位于水田中，现存一对石兽（图二十九）。东面天禄双角受损，下颌残失，胸前、腹下都用石块支撑。左前爪按一小兽，小兽因受损而形象不明。西面麒麟形体小于天禄，风化剥蚀严重，面部模糊，下颌损坏，四肢皆失，用两块方石前后支撑起来，体表纹饰皆磨灭无存。

图三十　齐金王陈失名陵神道石刻

南齐金王陈失名陵石刻坐落在丹阳市后巷镇金家村、王家村、陈家村附近，石刻位于田地里，东为双角天禄，西为独角麒麟（图三十）。石刻的南面两千米处有其林村，原名麒麟村，也是与此帝陵石兽有关。天禄曾经长期浸泡在水塘中，风化腐蚀严重，身上纹饰漫漶不清。左侧肩部毁落一块，左翼也因之不存。天禄头部双角不存，面部下颌损毁，两前腿及左后腿都断残，尾部也齐根毁掉，仅剩下右后腿，身下前后用方石支撑着。麒麟保存尚好，身上纹饰比较清晰。它的头上独角也断掉，面部有坏损，上颌缺失，鼻子不存。麒麟左后足缺失，胸前、腹下支垫方石以保持稳定。

图三十一　齐景帝萧道生修安陵神道石刻

修安陵石刻在丹阳市胡桥镇仙塘湾的一处小树林里，现存一对石兽，堪称南朝陵墓石刻的代表之作（图三十一）。这对石兽极其俊美轻灵，头颈、胸腹屈曲弯折，略作“S”形，给人清秀颀长之感。东兽为双角天禄，西兽为独角麒麟，身上纹饰繁复而清楚，头部茸毛用线条详细刻画出来，颈部及胸腹部仔细刻画出毛发与流苏状的饰物；双翼有圆涡纹，又有鳞纹，腹部则衬以羽翅纹，令人觉得神兽翼厚而大，足以鼓翮飞翔。1985 年相关部门曾按原样复制了东面的天禄，作为“镇江文物精华”在中国历史博物馆展出，而真迹一直在这片野外树林里。

图三十二　齐宣帝萧承之永安陵神道石刻

丹阳市胡桥镇张庄村东北方的田野中，有永安陵神道的一对石兽（图三十二）。东为天禄，双角已残，西兽头和颈部都已不存，应为独角麒麟，形态体势与东面天禄类似。当地人讲述因为曾有女子路过石兽时，忽然被风吹掉衣服，村民认为这个雄麒麟邪性好色，一怒之下砸掉兽首以示惩罚，于是无辜的文物遭受断头之灾，留下这具残躯矗立至今。

更为愚昧的破坏发生在永安陵西面不远处的泰安陵石刻，1968 年改造农田时，农民因嫌弃石兽占用田地，又体量太大无法移动，使用雷管将其炸碎堆弃在路边，时间一长也丢失干净。

图三十三　齐 烂石弄失名（海陵王）墓神道石刻

丹阳市后巷镇烂石弄失名陵墓石刻（图三十三），也被认为属于南齐后废帝海陵王萧昭文的陵寝。陵前现存两件石兽，体量较小，就在建埠路西几米处。南兽已破碎成石块，仅留残损躯干，还可以辨别出大体形态。北兽较为完好，呈现蹲踞姿势，头微上昂，张口吐舌，头顶到肩部有鬃毛，两肩有翅，尾巴甩向上方并沿背部一直到肩部，是造型比较独特的石兽。

烂石弄两石兽体量较小，特别是南兽残躯非常容易搬动，且又紧邻便利的马路，可以说是丹阳地区最容易被盗运的一处石刻。鉴于南京狮子坝小辟邪曾于 2016 年被盗，文保部门应该对烂石弄石刻做好安全防范工作。

图三十四　齐 水经山失名（郁林王）陵墓神道石刻

图三十五　陈文帝陈蒨永宁陵神道石刻

从烂石弄石刻沿着建埠路向北行约600米，在建埠路东几米处有水经山失名陵墓石刻，现存两件较完整的石辟邪（图三十四）。两只石辟邪体量都较小，步履自然，动作对称，皆是仰首张口，伸舌下垂。它们造型体长而颈短，身上没有什么纹饰，只在胸部两侧简单刻画出短小的双翼。石刻的位置已不是原来的位置，由于东边近靠水晶山水库，为了不使石兽受损，1977年有关部门曾将两只辟邪向西面高地移动，以至于现在辟邪紧邻建埠路，也有被盗运的风险。

南京栖霞区狮子冲的永宁陵石刻，也有人认为是梁昭明太子萧统安宁陵神道石刻（图三十五）。现存两石兽，雕刻甚为精巧，被誉为南京地区最精美的南朝石刻。东为双角天禄，西为独角麒麟，造型雍容华贵，姿态栩栩如生，显得华美艳丽，光彩照人。天禄的双角、颈及腰部都是断裂后做了修复，牙齿、舌头断失。麒麟身上也有许多裂纹。它们原本处境不佳，置身于一片杂草丛生的低洼地里。现在这儿已被修整，地面铺设草坪，四周栽种小松树，形成一片绿色空间，石刻环境得到很大改善。

2. 所处环境较差的石刻

图三十六　梁 建安敏侯萧正立墓神道石刻

萧正立墓石刻有南北相向的石辟邪、石柱各一对，位于南京江宁区江苏海事职业技术学院东北角的低洼地带。石柱在西面稍高些的地方，被大片的荆棘藤蔓密实地包围起来，不易被发现。石柱础没于地下，柱身有裂缝，中下部风化剥蚀变细，箍有铁圈加固。柱额上文字多已漫漶不清，柱顶宝莲盖与小石兽均已无存。东面一对石辟邪处于洼地深处，雨季便会被水淹没。南辟邪右翼及胸部有裂纹，头后部残。北辟邪头部剥蚀严重，舌、尾残。两辟邪身上除了一道道触目惊心的裂痕外，台基上部80厘米处有一圈明显的水痕线，水痕线以下是斑斑水渍。

图三十七　南朝 狮子坝失考墓神道石刻

南京栖霞区狮子坝的南朝石刻是一只小辟邪（图三十七），原位于狮子坝村边的菜地里。石刻已经陷入地下，四周砌有低矮的六角形栏墙。栏墙内经常积有雨水，并密密长满杂草，石辟邪卧在其中如同石羊。这只体量很小的石辟邪高不过1米，长年雨蚀风化残损严重，四肢皆失，面目模糊，身上纹饰全无，肩部两翼仍依稀可辨。

1982年南京市文物普查发现这只石辟邪，曾计划运至朝天宫参加文物普查成果展，但当地村民以保护风水为由加以拒绝。狮子坝村近年来拆迁，石刻缺少了村人的看护，终于在2016年的一个雷雨之夜被盗。所幸后来公安机关在千里之外的徐州将其追回，但一直没有放回原地，也不适宜再放回原地，下一步应该会收入博物馆中。

图三十八　梁 新渝宽侯萧暎墓神道石刻

萧暎墓神道石刻仅存一个残损的神道石柱（图三十八），原位于南京市栖霞区董家边村子的内部，三面都被民房包围。现在村子被完全拆迁，只留下石柱在原地，其四周搭建了简易房屋。因为地势低洼蓄满积水，石柱础及柱身大部分浸于水中。神道石柱残损严重，柱顶宝莲盖、小石兽均荡然无存。柱额上本来镌有“梁故侍中仁威将军新渝宽侯之神道”几个大字，因剥蚀过甚，文字已经消磨殆尽，仅能辨认出一个模糊的繁体“军”字。

图三十九　南朝　宋墅失考墓神道石刻

南朝宋墅失考墓神道石刻，位于南京市江宁区望溪路西侧，仅存一神道石柱，深陷地下，仅留上半部分可见（图三十九）。由于长期处在低洼的水塘中央，所以一直充当着测量水位的标杆。从造型上可鉴定其为南朝遗物。石柱柱额边角有很大残损，上面的刻文漫漶难辨，主顶有宝莲盖，盖上的小石兽丢失，盖边缘饰有莲花纹，局部边缘残缺，盖底也产生龟裂。由于周边是大片的建设工地，水塘也渐渐被堆土填平，水塘中的石柱正面临需要进行迁移保护的迫切问题。

图四十　南朝　耿岗失考墓神道石刻

耿岗失考墓神道石刻也位于南京市江宁区望溪路西侧200米处，在宋墅石刻北面约1000米处，两者处在南北同一直线上。耿岗失考墓神道石刻现存两石柱（图四十），一件移至江宁区博物馆，在原址的这一件露出地面仅约1米，就像是风烛残年、行将入土的老人。石柱上面有一个尖尖的凸起，顶盖及小石兽均佚失不存，柱身纹饰也漫漶不清，从造型上可鉴定其为南朝遗物。1956年3月文物普查时，在陈姓住宅东北角墙内发现该石柱，因其体量小，且久居民房之中，故而风化、磨损较为严重。

图四十一　南朝徐家村失考墓神道石刻

徐家村神道石刻现仅存一根石柱（图四十一），原位于南京栖霞区金陵石化公司化工一厂院内，靠近各种化工管道设备。近年来工厂拆除搬迁，只留下千年石柱依旧伫立，但也面临着全新的规划安排。石柱柱身上饰有24道瓜棱纹，柱头圆盖和小辟邪都已遗失。上端柱额上的文字漫漶难辨，柱额下饰有一圈绳辫纹和一圈绞龙纹，但已不太清晰，这也许是在工厂中受酸雨侵蚀的结果。柱础上圆下方，上部盘绕双螭，下为方形基座，基座四面纹饰也已荡然无存。此墓墓主失考，但从石柱的形制分析，它应为南朝陵墓石刻无疑。

3. 处境岌岌可危的石刻

所谓处境岌岌可危的南朝石刻，是指那些体量较小、残破严重的石刻，不仅容易被忽略和遗弃，而且容易被埋没、盗运，消亡的风险系数较高。例如萧宏墓石刻中的西辟邪残体2014年遗失，狮子坝小辟邪2016年被盗，这些都提醒我们要加强对特别石刻的保护，防患于未然。例如以下三处就属于这种情况：

图四十二　南朝　马家店失考墓神道石刻

图四十三　南朝　后村失考墓神道石刻

马家店失考墓神道石刻遗存有石龟趺一件，残损较大，石碑已经遗失（图四十二）。这件石龟趺最早是1998年在江宁区铁心桥镇马家店发现，故名为“马家店南朝失考墓石刻”，现在被迁移安置于紫金山下的南京白马石刻公园内。

南京江宁区后村现已更名为晨光村，1997年农田改造时挖出一件残缺的石龟趺，也就称之为“后村失考墓石刻”（图四十三），观其形制与其他南朝石刻龟趺无异。这座南朝失考墓石刻遗存，位于麒麟铺以东，与狮子坝、麒麟铺正好在一条直线上，这一带是南朝刘宋的陵墓区域，所以这座石龟趺也可能是刘宋遗物。

图四十四　南朝　神巷失考墓神道石刻

南京栖霞区神巷失考墓神道石刻（图四十四），就在萧恢墓、萧憺墓石刻公园南侧的汽修厂内。现在仅存一只残损龟趺，置于一个长方形坑内，上面已经罩上了罩子，杂物太多不便观看及拍照。目前无法判断墓主人身份，但应该是萧梁时期王侯家族人物，也有可能就是始兴忠武王萧憺的家族成员。

三、集中保护方案

（一）南朝石刻保护面临的问题

南朝距今已将近一千六百年，南朝石刻历经风霜雨雪，世事沧桑，很多都已是伤痕累累、残破不堪。如果不给予高度重视，这些价值不可估量的民族文化遗产将被日侵月蚀，渐行渐远，甚至在我们这代人的目光中消逝，造成永远无法弥补的遗憾！十余年来，笔者一直呼吁社会重视南朝石刻艺术，主张尽快进行集中、有效的博物馆收藏保护，这已经到了刻不容缓的地步。眼见着千年神物遭受风吹日晒、酸雨侵蚀、人为破坏，在城市化进程和大工业时代的环境下变得愈加脆弱，实在是令人痛惜扼腕、忧心难安！

20 世纪 80 年代，文物部门曾运用环氧树脂对石刻破裂处进行修补，但是环氧树脂会渐渐变成黄色并脱落，且粘连着石刻上的石块一起脱落，造成更大的“创伤”。近年来对南朝石刻的保护注重“物理修复”而非“化学修复”，开始运用建造碑亭、围挡玻璃的方式，使文物免遭日晒风吹及雨淋。另外，一种用在古希腊雅典石刻遗迹上的德国修复涂料，也受到业内人士的关注。如果这种涂料在石刻保护上卓有成效，将来也可用在南朝石刻的保护上。

近年来很多户外南朝石刻，已经安装了电子监控探头，建立了全天候监控平台系统和人工定时巡查制度，但是仍不能彻底消除隐患。例如媒体报道，2016 年南京狮子坝南朝石刻在雨夜被盗窃，2019 年南朝石刻遭非法拓印导致永久污染，这些事件都是在电子监控探头下发生的。对于南朝石刻的修复和保护，不仅要关注石刻文物本体，还要考虑到石刻文物的周边环境，进行统一规划和长远保护。

南朝陵墓石刻采取的保护方案，主要基于三个方面的考虑：防人（人为破坏）、防天（自然破坏）以及石刻本身的状况。但是进入现代社会以后，这三个方面都面临着严峻的形势，石刻受损坏的速度空前加快。一项研究报告指出，近 50 年来南朝石刻遭受的损毁比过去 1500 多年都要严重，尤其最近 20 年，酸雨、冻融等因素对石刻的伤害，甚于过去 200 年的侵蚀。

在古代农业社会的漫长历史时期，人口相对稀少，自然气候环境也较好，南朝石刻所处的外界条件比较宽松。但是近代工业兴起，大大改变了世界的面貌，文物消失的速度与物种灭绝的速度同样加快。特别是今天的苏南地区，工业化和城市化程度都非常高，人口日益密集，自然环境恶化，这给南朝石刻的延存带来了空前的压力，也给石刻的保护工作提出了新的历史性课题。

首先，交通运输日益发达，旅游路线日益增多。在开发热潮下，很多石刻的保护工作并没能及时跟上，这不仅使得石刻面临不断增多的观览人群的压力，也增加了其被搬运盗窃的危险。如果说观览易招致无意的损害，盗窃则带来蓄意的破坏。从前这些石刻能够长期安然原地放置，主要就是因为石刻体量巨大和交通运输不便。现在有许多马路通到了石刻跟前，更有先进的起重装运机械，这就打破了原有的自然保障体系。

其次，南京、丹阳和句容所处的苏南地区工业化进程发展迅速，容易导致环境污染，给石刻带来酸雨等自然灾害。近年来，一些突发性自然灾害和恶性气候有加剧之势，如台风、雨雪、雷电等，这些都会对露天摆放的石刻带来隐患。工业园区的建设扩展，也占据了许多石刻的家园，石刻面临着就地毁灭的危险、迁徙他处的选择、重建家园的规划等一系列石刻保护方面的问题。

最后，与工业化进程相随的城市化进程也对石刻产生了重要影响。苏南地区的人口日益密集，一方面会占用大量土地兴建楼房、道路等城市设施，压缩了周边地区石刻的生存空间；另一方面人群日益接近石刻，石刻受到人为破坏的风险随之越来越大。

即使没有这些外界形势的新变化，从当前南朝石刻本身的状况来看，人们也应该为其提供更有力的保护措施。因为任何事物本身都具有一定的存在期限和寿命，这些古人缔造的陵墓石刻，一千六百年的岁月沧桑，已经使它们步入了风烛残年，变得比以往任何时候都更脆弱和容易毁灭，必须得到不同于以往的有效保护。

从南朝石刻自身的价值来看，有千年历史的南朝陵墓石刻，以其极高的历史价值、文物价值、艺术价值，早已享誉中外、闻名遐迩。目前市场上即使是现代人制作的石刻作品，售价也在数万元以上，稍大些的则达到数十万、上百万。与之相比，南朝陵墓石刻则是无价之宝。仅就这一点来看，也值得我们花大气力去做好石刻保护的工作。

（二）需要注意与借鉴的案例

20 世纪初就有一些国外文化强盗“不远万里”来到龙门石窟，大肆破坏和盗凿石窟佛雕，不仅给龙门石窟留下了永远流血的伤疤，也给中国文化造成了难以弥补的损失。唐太宗陵墓石刻“昭陵六骏”中的飒露紫和拳毛䯄，也被盗卖到美国，今天陕西省博物馆只能展出摹制品。“六骏”中的其余四件真品在盗卖过程中被发现并制止，但已经被砸成几块。近些年来，国内文物石刻失盗事件也屡有发生，不能不引起我们的警惕。

2004 年 2 月 11 日，位于重庆市大足县石马镇境内石门山摩崖造像文物区的两尊宋代石刻头像被盗。

2005 年 1 月 26 日和 5 月 26 日，河南巩义宋陵连续两次被盗，三尊各重达一吨多的石刻雕像突然在夜间“蒸发”。

2006 年 10 月 15 日，河南灵宝市豫灵镇麻庄村三尊清朝顺治十四年的石刻被盗，分别是两个石虎和一个石人。

2007 年 2 月 22 日，河北高碑店市新城镇开善寺内一夜之间八件石刻被盗，分别是两件唐代经幢柱、三件唐代经幢盖、一件唐代弟子坐像、两件明代墓志。

2007 年 6 月 19 日晚，四川宜宾蜀南竹海景区龙吟寺三尊明代石刻佛像佛头被盗。

2007 年 11 月 21 日，陕西咸阳渭城区正阳镇一座重约五吨的石马被盗，该石马为东汉至隋唐年间的雕刻作品。

以上所列近年来文物失盗事件不及总数什一，从中也能看出事态加剧之势。很多被盗文物属于国家级重点保护文物，有的后来被追回，如 2008 年山东省博兴县文物管理所收回了因被盗而流失海外 14 年的北魏石刻菩萨造像。然而，更多的被盗石刻至今难以收回，造成无法弥补的损失。河南巩义宋陵石刻五个月内连续两次被盗，曾经引起人们的强烈反应。新华网对此事件登载专题文章，题目便是《国宝扔在田野，贼不盗才怪》，这句话应该能够让漠视南朝石刻保护现状的人士惊醒。

图四十五　美国费城宾夕法尼亚大学博物馆藏东汉石兽

图四十六　美国纳尔逊—阿特金斯艺术博物馆藏东汉石兽

反观汉代所留存石刻的保护状况，可以对南朝石刻的保护决策提供有益的参考和启示。西汉霍去病墓前的石刻群，早已在茂陵博物馆内保护起来。有些留存下来的东汉石兽与南朝石兽风格非常相似，但大都体量远远小于后者，艺术价值和外界影响也逊于南朝石兽，但都纷纷进入博物馆被保护起来。如东汉宗资墓前的石刻天禄、辟邪，现藏南阳画像石博物馆；河南洛阳涧西孙旗屯出土的石刻天禄、辟邪，一藏洛阳博物馆，一藏中国历史博物馆。四川芦山东汉石刻馆是该地区出土东汉石刻的汇集场馆，在全国重点保护文物“樊敏阙及石刻”原址之上辟建，并迁移陈列了其他地方的东汉石刻。后来因汶川地震影响，以及灾后雅安市博物馆升级扩建，樊敏墓前一石兽坯、杨君墓石兽等五件石兽，又被移至雅安市博物馆进行室内收藏和展示。

图四十七　洛阳博物馆藏东汉石兽

图四十八　中国历史博物馆藏东汉石兽

由此可见，目前中国各地发现的汉代石兽，几乎全部迁移至博物馆收藏；流落在海外的汉代石兽，也无不是收藏在博物馆中。笔者对此进行初步统计，列表如下：

陵墓名称	类型数量	制作年代	现藏地点	石刻原址
霍去病墓	石虎、石象、石牛、石马等石刻群	西汉元狩六年(公元前117年)	茂陵博物馆	陕西兴平市道常村西北，系汉武帝少府属官 左司空署内的优秀石刻匠师所雕造
张骞墓	石兽二(天禄辟邪各一)	西汉元鼎三年(公元前114年)	陕西省城固县汉中张骞纪念馆	陕西省城固县张骞墓
	石走虎一	西汉	山西省博物馆	山西省安邑县杜村
	石蹲虎一	西汉	陕西省博物馆	陕西省咸阳市石桥
	虎符石匮一	新朝始建国元年(公元9年)	青海省博物馆	青海省海晏县三角城
武氏墓	走狮二	东汉建和元年(公元147年)	山东省嘉祥县武梁祠	山东省嘉祥县武梁祠
宗资墓	天禄一 辟邪一	东汉桓帝后(公元166年后)	南阳汉画馆	河南省南阳市宗资墓
孔彪墓	蹲狮二	东汉建安四年(公元171年)	曲阜市孔庙	山东省曲阜市孔林孔彪墓
樊敏墓	石兽六	东汉建安十年(公元205年)	四川芦山东汉石刻馆藏五 四川雅安市博物馆藏一	四川省雅安市樊敏墓
杨君墓	石兽二	东汉	四川雅安市博物馆	四川省芦山县杨君墓
高颐墓	石兽二	东汉建安十四年(公元209年)	四川芦山东汉石刻馆	四川省芦山县高颐墓
	石兽二	东汉	四川芦山东汉石刻馆 四川雅安市博物馆	四川省芦山县石羊上村
	石兽一	东汉	四川雅安市博物馆	四川省芦山县石箱村
	辟邪一	东汉	洛阳古代石刻艺术博物馆	河南省洛阳市孙旗屯
	天禄一	东汉	中国历史博物馆	河南省洛阳市孙旗屯
	辟邪一	东汉	洛阳市博物馆	河南省洛阳市西郊
	辟邪一	东汉	许昌市博物馆	河南省许昌市榆林村
	走兽二	东汉	西安碑林博物馆	陕西省咸阳市沈家村
	走狮一	东汉	博兴县文管所	山东省博兴县兴福村
	走狮二	东汉	山东省博物馆	山东省淄博市临淄区
	天禄一	东汉	河南偃师商城博物馆	河南省偃师县
	辟邪一	东汉	河南许昌博物馆	河南省襄城县颍阳镇
	辟邪一	东汉	河南博物院	河南省禹州市
	石兽一	东汉	河南博物院	河南省许昌市榆林
彭城汉墓	石兽三	东汉	徐州博物馆	江苏省徐州市东汉彭城汉墓
	石兽二	东汉	美国费城宾州大学博物馆	河北省内丘县吴村
	石兽二	东汉	法国巴黎吉美博物馆藏一、原地存一	河北省内丘县十方村
	石兽一	东汉	意大利都灵市博物馆	
	石兽一	东汉	法国巴黎吉美博物馆	
	石兽一	东汉	美国纽约州布法罗市阿尔布莱特—诺克斯美术馆藏	
	石兽一	东汉	美国堪萨斯城纳尔逊—阿特金斯艺术博物馆藏	
	石兽一	东汉	美国旧金山亚洲艺术博物馆	
	石兽首一	东汉	瑞士苏黎世莱特堡博物馆藏	
	石兽一	东汉	瑞典斯德哥尔摩远东古物博物馆藏	

汉代石兽遗存收藏统计表（截至2019年10月）

南朝之后的石刻，也是以博物馆收藏为主。例如唐代开国皇帝李渊献陵石犀、走虎等石刻，现原件由西安碑林博物馆收藏；唐太宗李世民昭陵六骏，国内现存四骏藏于西安碑林博物馆，另外二骏“飒露紫”和“拳毛騧”在1914年被盗卖到了国外，现藏于美国费城宾夕法尼亚大学考古与人类学博物馆。

昭陵六骏中的“飒露紫”和“拳毛騧”流失海外，大书法家于右任的诗句“石马失群超海去”，就是对此历史事件的很好说明。“拳毛騧”与“飒露紫”一直是国人心中的伤痛，为了使“二骏”早日归国，不少爱国人士曾为此努力奔走。据说，1972年尼克松访华前夕，居美的杨振宁提议将“二骏”作为礼物送回，然而这一意见未被采纳。1986年，美国哈佛大学华裔考古学家张光直也曾努力斡旋，中国试图用两尊唐代佛像和菩萨像换回“二骏”，终未成功。近些年来，唐大明宫文物保护基金会也一直在为“二骏”回归努力着。我们通过对比不免感慨，早于隋唐几百年的南朝雕塑，其历史价值、文化价值、艺术价值都要远高于破碎的昭陵浮雕；但是这么多绝美的南朝石刻，多少年来一直散落在荒山野地、农田水塘。这种坚持原址保存的代价，确实应该引起我们的重视！

图四十九　昭陵六骏之飒露紫

图五十　昭陵六骏之拳毛騧

（三）建馆集中保护的方案

对于南朝石刻而言，分散导致破坏，不仅不便实施有效保护，而且不利于参观考察，不利于石刻产生影响；集中产生效益，不仅包括文化效益，也包括经济效益和社会效益。成立南朝石刻博物馆，一方面是对古代文化资源的保护，使其作为历史文化品牌的影响进一步扩大；另一方面也是对当地文化旅游资源的整合，有利于推出本区域强有力的文化旅游品牌。依托这些千年石刻，也有助于建构地方的历史文化名片。

我们可以借助现有有利条件，对南朝石刻建馆集中保护，有如下三种方案可供参考：

其一，依托南京大学的雄厚实力，以及仙林新校区靠近南京栖霞区南朝石刻群的地缘优势，建设南京大学六朝石刻艺术馆，聚集和展示南京、丹阳、句容等地的所有石刻。南京大学对标世界著名大学的博物馆、艺术馆，如牛津大学博物馆、耶鲁大学美术馆、宾夕法尼亚大学博物馆等，[1]对于六朝石刻艺术馆进行建设与运作，可以把教学、科研与展示结合起来，提升南京大学作为国际一流大学的核心实力，也可以推动对于石刻艺术的研究与传播。

南京大学的学脉可向上追溯至东吴时期的南京太学，以及东晋、南朝的建康太学，可谓六朝遗韵，绵延不断。南京大学的校徽，也有两只左右对称的六朝石辟邪，充分说明了南京大学的悠久历史。南京大学仙林新校区创建只有十年，六朝石刻的引入，能够极大地增强校园的历史文化底蕴。南京大学仙林校区北面部分，也有足够的未开发空间来营建六朝石刻艺术馆。

图五十一　南京大学的校徽图形

图五十二　浙江大学艺术与考古博物馆藏颜真卿楷书《西亭记》残碑

2019年9月浙江大学紫金港校区的浙江大学艺术与考古博物馆正式开馆，在国内引起极大的反响，也给南京大学提供了借鉴。浙大艺博馆定位是艺术史、文明史教学博物馆，其镇馆之宝是唐代大书法家颜真卿的《西亭记》残碑（图五十二），不仅供浙大师生使用，也对社会公众免费开放。通过对照可知，南京大学建设六朝石刻艺术馆，将拥有更大的优势和更高的价值。

况且在中国当代的雕塑艺术领域，南京大学也占据高地，代表人物是世界级著名雕塑家吴为山教授。吴为山教授首创中国现代写意雕塑之风，提出“写意雕塑”理论和“中国雕塑八大风格论”，全面总结中国雕塑优秀传统，对中国雕塑当下创作的发展方向起到了巨大的引领作用。因此从雕塑专业角度看，在南京大学建设

①世界很多著名大学都有自己的博物馆，如不列颠哥伦比亚大学博物馆、史特拉斯堡大学博物馆、巴斯克大学博物馆、莱比锡大学博物馆、昆士兰大学博物馆、海法大学赫克特博物馆等。大学作为人类知识的殿堂和文明高地，博物馆乃是其重要组成部分。

六朝石刻馆也具有很大的优势。

其二，在南京大学仙林校区建设博物馆，主要收藏展示南京栖霞区以及句容的南朝石刻；在东南大学江宁校区建设博物馆，主要收藏展示南京江宁区的南朝石刻；丹阳天地石刻园主要对丹阳地区的南朝石刻进行集中保护和展示。这是根据南朝石刻三大分布区域，结合运用现有的资源条件，形成三处博物馆集中保护。

东南大学也是百年名校，积淀厚重，四牌楼老校区是六朝宫苑的遗址，六朝松为学校的重要标志。东南大学江宁校区建立博物馆，引入江宁区的六朝石刻，对标世界名校博物馆建设，对于学校发展、新校区校园文化建设以及石刻保护，都具有积极的意义。

江苏省丹阳市的天地石刻园，有国内乃至世界上最大的石刻文化景观，加拿大籍华人吴杰森先生捐赠的8000多件西汉至民国的石刻在此落户。天地石刻园由七大主题展览馆和室外展示平台组成，8000多件石刻艺术品按类分布其中。七大主题展览馆为“石奏天音”馆、“石魔惊魂”馆、“石祈天福”馆、“石秀天珍”馆、“石话古今”馆、“石缘天地”馆和“石梦齐梁”馆。其中“石梦齐梁”馆以齐梁文化为主线，集中展示了齐梁时期的石刻艺术以及齐梁模印砖画等。天地石刻园引入丹阳地区的南朝石刻，可以为之专设一馆或建成主馆，并与其他石刻形成集群和互动效应。

其三，在南京栖霞山附近建设六朝石刻艺术馆，聚集和展示南京、丹阳、句容等地的所有六朝石刻。对标秦始皇陵兵马俑博物馆或西安碑林博物馆，联动栖霞山佛教文化资源，建设南京作为六朝古都的最强有力的文化名片。

古都南京长期是中国南方的政治、经济、文教中心，是汉文化和中华文明的重要中心。在历史上多次中华民族生死存亡的紧急关头，南京都担当起庇佑华夏之正朔的重任，也因此被视为在长城、黄河和长江重重保护下汉民族最后的重兴之地、复国之都。南京第一次护佑中华文明使其得以延续并发扬光大，就是在六朝特别是南朝时期。

南朝从公元420年刘裕取代东晋到公元589年陈亡，经历了宋、齐、梁、陈四个朝代。南朝是汉族人的天下，早在西晋末年，北方大乱，汉族人便大量南迁，其中包括士族和劳动民众。他们带去北方比较进步的生产技术，使长江流域的生产力显著提高。在文化上尤其如此，不论文学、艺术、史学、经学和宗教，都得到了空前的发展，南朝石刻艺术便是其中的一朵奇葩。

南京文化资源主要包括六朝文化、明文化和民国文化，这三大块历史文化又可统属于都城文化，其中最为宝贵的还是六朝文化。有千年历史的南朝石刻，是南京作为“六朝古都”的文脉基石，更是华夏雕塑艺术之瑰宝。然而对于外界而言，居于南京城中的明城墙、总统府、中山陵的影响力似乎更大些，2003年明孝陵还成功申遗，成为世界历史文化遗产。其实，城市郊区的南朝陵墓石刻艺术，更应该成为全人类的历史文化遗产。

有些人以保护原生态为由反对把陵墓石刻迁走，殊不知，千年守望终有期，石刻也没有必要“从一而终”葬身在原生态里。更何况陵墓石刻的原生态早已丧失殆尽，很多石刻与所处环境往往显得格格不入。1985年5月，按原样复制的齐景帝萧道生修安陵的天禄，曾作为“镇江文物精华”在中国历史博物馆展出。据说复制品天禄一直存放在中国历史博物馆，而真迹一直安置于野外树林里。理性的做法应该是反过来——原件请入博物馆，原址放置复制品。以南京大学为主体举办的国家艺术基金2019年度艺术人才培养项目“南朝石刻的临摹写生与传统雕塑的保护人才培养”，临摹写生了一大批南朝石刻的复制品，也是为此做了准备工作。

综上所述，只有兴建南朝石刻艺术博物馆或六朝石刻艺术博物馆，对其进行集中有效的保护，才能真正解决石刻面临的问题，这也是未来南朝石刻长远传世与闻名于世的必然选择。

论南京栖霞寺佛教造型艺术语言的逻辑建构

文：李凤志

摘要：在佛教造型艺术历史发展的进程中，中华传统文化对传入的佛教艺术及其表现形式始终保持着影响。南京栖霞寺兴建于佛教兴盛的南朝时期，其形制与造型语言为汉地佛教艺术的一大高峰。本文通过对栖霞寺佛教造型艺术本体语言的探索，解构其在民族文化关照下原境重构、“空白”佛境和造型语言的有效运用，展现汉地佛教审美逻辑和视觉文化的时代精神。

关键词：南京栖霞寺；佛教造型；艺术语言；逻辑建构

佛教自印度东传中国，与中华传统文化和时代精神相结合，形成了以丝路佛像为代表的汉传佛教雕塑文化。器以载道，佛教造像在沿袭外来形制和融合区域文化特色中形成独特的视觉表现语言。以泥为塑的审美哲学在佛教艺术表现中营造的视觉张力重构了东方文明的佛境理想；佛教造像本体及其场域性环境空间的缘起性空美学境像构成方式诠释了华夏智慧和禅意美学；汉地传统文化和民族审美意识在佛教雕塑中视觉感知传递的时代精神，融铸了汉传佛教雕塑的视觉文化生态，建构了宗教艺术形态空间语言的文明。

南朝是中国佛教发展的重要时期，南梁将其奉为国教，而时为政治文化中心的都城建康更是佛教文化云集的圣地。杜牧诗句“南朝四百八十寺，多少楼台烟雨中”便是当时佛教繁华兴盛的真实写照。南京栖霞寺兴建于南齐，几经兴衰留存至今，是三论宗的祖庭之一，在中国佛教文化体系中居于非常重要的地位。栖霞寺及其寺内佛教造像是现存南朝佛教中并不多见的历史文化遗迹，其佛教空间经营与佛像造型语言受到学界的普遍关注。

一、原境重现与理想重构

栖霞寺核心主体建筑的两重大殿，即天王殿和毗卢宝殿，其殿内的佛教造像大多为彩绘泥塑，几经战火洗礼，历经数代人修缮重建，其形制遵从了原貌。佛像作为雕塑艺术与宗教的交叉领域，艺术媒介承载了佛教造像的本体语言，在创作主体实现宗教文化理想过程中扮演着重要的角色。对于雕塑艺术的表现来说，同一题材、形态各异的造型传达着不同的情感，使用不同材质的同一造型也诉说着不同的故事。媒介语言的选择，从一个侧面反映了不同民族的生活状态、审美情趣和精神诉求。以泥为塑的审美哲学是汉地佛教造型艺术视觉语言表现的造像基因，土木媒介之艺术营造亦是华夏造物的主要方式，且不局限于栖霞寺殿内佛像与寺庙建筑，甚至室外的舍利塔起初也是木质结构。“该塔原为木质结构，唐武宗会昌年间毁于火灾，现存的石塔是南唐时期用白石重建的。”[①]从出土文物和考古遗迹来看，受地理文化影响，汉传佛教雕塑在西北地区的初传地尚以石窟造像为主，而至中原地区的寺庙则以彩塑为盛。以泥为塑的造像媒介，重现了华夏传统生息的原境，重构了理想文明，这是汉传佛教造像艺术的一大显著特征。

大地作为海德格尔“天地人神”四重思想的重要环节，在人类的文学艺术作品中常以隐喻、象征的形式作为主题出现。自远古时代以来，泥土在中华传统文化观念中便一直占据举足轻重的地位。“中国泥土造人神话中，神用构造自身的材料创造人类，这表达出中国古代先民对土地的肯定和崇拜态度。”[②]女娲造人的神话传说，虽是华夏儿女早期唯心思想世界观的体现，但也从侧面反映了植根于民间文化土壤的民族情怀。汉地佛像对于泥塑艺术媒介的钟爱与西方宗教对石雕艺术的青睐形成鲜明的对比，反映了中西方文化的差异和人类生存的智慧。

首先，大地孕育万物，是人类和众多生灵安身立命之所，是动植物生殖繁衍的基础，其生生不息的视知觉感知已牢牢扎根于

① 宋羽：《南京城事》，北京：中国社会出版社，2013 年，第 72 页。
② 张开焱：《泥土的神圣与卑污——三则人类起源神话文化内涵之比较》，《外国文学研究》2001 年第 3 期，第 94 页。

人们的内心深处，走进人们的日常生活之中。所以，人们对泥土有与生俱来的崇拜，对源远流长的农耕文明有原境重构的哲思。“对于已进入农耕时期的新石器时代的中华先民来说，太阳普照大地，土地滋养万物，太阳和土地是他们赖以生存的依靠，也是他们虔诚供奉的神祇。”① 中国是以农耕文化为主导的文明古国，华夏儿女世代在中国大地上劳作，对泥土和植物有着特殊的感情。万物靠天地之气而生，如果说太阳为父，则大地为母，它孕育生命的种子，是万物生长之源泉。人类与土壤的天然渊源，对于以农业文明为主的中国来说更深。泥土在中国先民们的视野中逐步神化，渐渐从华夏儿女的思维中抽象出来，进而衍生出生生不息的形态特征。在中国文化语境下，尊崇天地成为传统，甚至最高统治者都以“天子”自居，而供奉土地神更是早已有之，后也出现于本土道教的神祇系统中。先民们“择土而居”的生活理念，千百年来传承着的与泥土有关的民俗文化，已融入炎黄子孙的血脉中。“我初次出国时，我的奶妈偷偷的把一包用红纸裹着的东西，塞在我箱子底下。后来，她又避了人和我说，假如水土不服，老是想家时，可以把红纸包裹的东西煮一点汤吃。这是一包灶上的泥土。”② 这便是费孝通先生记录的乡愁，泥土已远非滋养动植物生长的平凡之物，她变得神圣与高贵，是生命的延续和希望。因而，泥制品和木制物常为造物首选，中华瓷器和中国木制建筑皆为显证。瓷器文化甚至已成为中华民族的象征，在英文中“瓷器”（china）一词亦有“中国”之意，这是中国屹立于世界舞台的一张名片。泥土天然细腻柔和的质地，呈示出大地温暖、亲切的情怀。这与中国人追求的和谐、温情的家国情怀，与大自然和谐相处及天人合一的哲学思想不谋而合。

其次，华夏文明之人文始祖的原境重现和理想重构。汉地佛教所处的中原地区多为冲积平原，土壤肥沃，植物繁茂，土、木资源较为丰富。这里诞生了女娲抟土造人的上古神话传说，以捏泥造人之术创造炎黄子孙和人类社会，浓缩了中华民族历史文化的精华，带有民族情怀的深刻烙印，渗透着中华民族精神。佛教造像传入中土后，以泥为塑的佛像造型理念，融入了人们对人文始祖原境重现的民族情怀。常用的塑像泥土可塑性较强，极易用于制像的加减法技术。

“草木的开花结果，人的繁衍后代，无不与这泥土息息相关，离开了泥土万物就无法生存。”③ 泥土的气息是人类共同的孩提记忆，于泥土的拿捏中创作主体的理想意构更能触及人类的本真，重构初心原境，教化佛性众生。不同的区域、不同的民族所寄居的土地物理属性不同，有黄土、红土、黑土等等，其密度与粘展度不同，所造的雕塑视觉形态和风格特征各异，具有区域化的特点。泥土经过水的调和，在塑形过程中，历经拍击、按压、刮擦、切割等工匠技法，产生独特的肌理和光线效果，丰富了佛像本体语言的表现方式。比如，经过按压推行，佛像躯体变得圆润光亮。这种材料本身所透射出的质朴本真的力量，是色彩装饰或着色技巧所不能比拟的。“在世界古代各文化系统中，没有任何系统的文化，人与自然，曾发生过象中国古代样地亲和关系。”④ 佛教雕塑在中国化的过程中，自然不会放弃泥塑这一表现媒介，其进而成为中原地区寺庙佛龛造像的主体。

再次，独具民族特色的中国传统书画艺术为民族精神的原境重构提供了更为广阔的视野。中国彩塑有“三分塑七分彩”之说，佛像雕刻和成熟的中国绘画相融合，丰富和拓展了其表现的领域。泥土的天然质地便于和色彩颜料相结合，着色的佛教造像以冷、暖、张、弛等情感色彩的感染力左右着视觉主体的审美活动，形成无形的推动力。从某种意义上来说，色彩语言决定了整件雕塑艺术的灵魂。因而，绘塑一体的佛教造像方式成为汉地造像的一大显著特征。雕塑的材质美是佛教雕塑表现的重要内容之一。通常情况下，寺庙内的佛像以泥塑彩绘居多，一方面泥土材质方便尺度较小的佛像及其细节的塑造；另一方面，泥塑彩绘为软性材质，有助于渲染佛教的慈悲和亲和感。泥土材质本身折射出的语言在构建佛教雕塑文化体系中发挥着重要的作用。材料的可塑性为佛像的创作和表现提供了更为广阔的空间，启发了佛教雕塑表现的灵感。

二、公共空间的佛境建构

佛境空间是联结虔诚信徒和佛教思想体系的重要载体和精神纽带，其视觉表现效果直接影响佛教的发展和传播。在佛教发展的初始阶段，佛陀没有具体的人物形象，究其原因，众说纷纭。“最常见的是僧徒视佛陀为神圣，不能随便涂写圣容，以免传达神韵

---

① 冯天瑜、何晓明、周积明：《中华文化史》上册，上海：上海人民出版社，1990年，第285页。
② 费孝通：《乡土中国》，北京：生活·读书·新知三联书店，1985年，第2页。
③ 任文：《迎面吹来乡野的风》，郑州：文心出版社，2012年，第145页。
④ 徐复观：《中国艺术精神》，沈阳：春风文艺出版社，1987年，第193页。

不足，而有污佛陀的形象。不过照我看来，这似乎仍与早期佛教不提倡个人崇拜的历史有关，其他恐不好解释。”① 自窣堵波始，莲花、脚印、宝座、宝塔、菩提树和法轮等一系列对佛陀有象征意义的崇拜物常出现于艺术作品中，以关联性的符号表现其象征意义。

“明帝以后，至公元后一世纪（汉和帝时）犍陀罗古建筑中始见佛像雕刻，是为造像之始，盖深受希腊影响也。”② 可以说，佛教造像的形成是亚历山大东征带来的希腊雕塑艺术与印度本土的造型文化共同作用的结果，其形式构成和风格表现具有浓重的西方美学色彩。同时，在塑造雕像的过程中汲取传统，继承原始佛教对佛陀神秘象征和符号性的表达方式。基于此，佛教造像初期，人们已开始注意对佛教环境相关物品的刻画，着力于佛境空间各个构成元素的联系与表达，赋予视觉形象以精神内涵，关照雕塑造型本体，注重雕塑空间内在联系。以隐喻或符号性的语言来塑造的经典作品不胜枚举，近现代雕塑大师也不乏其例。欣赏法国雕塑家马约尔的《戴枷锁的行动》这件雕塑作品，“要充分发挥想象力，作品的名称中有‘枷锁’，但是作品上面却没有让枷锁出现，我们从女人体向后伸展的手臂可以领会到戴上枷锁或者是被束缚的寓意，而且，对束缚的禁锢与挣脱束缚的行动这两种对立的情形被融进一个作品里面，又能令短短的一段身躯展现出不屈不挠的精神”。③

进入大乘时期以后，人物形象开始在佛像中出现，并逐步深化，佛境空间的营造日趋完善。格式塔心理学认为，空间是一种“图—底”关系④。而雕塑空间也是由正空间和负空间构成的，二者是两位一体、相互依存的。伴随佛教文化的不断弘扬与发展，负空间逐渐在佛教雕塑的营造中扮演着重要的角色。无论佛教雕塑是单个、一组还是一个系列，其负空间都以一些潜意识的、常被忽略的、被实体空间所掩盖的感受和状态对审美主体发生作用，对佛教主题环境空间产生积极影响。

负空间的介入为佛教雕塑环境空间的探讨提供了更多的可能性和视角。中国绘画中的“留白”拓展了画面的表现空间，“飞白”丰富了绘画的表现语言，“计白当黑”延展了丹青的经营之道，虚实相生的妙境哲思增加了精神表达的丰富性，空白便成了独特的语言。同理，佛像周围的环境、佛教雕塑之间的空间关系都成了汉传佛教雕塑的语言，对正空间（雕塑本身）有烘托、铺垫、映衬作用。正如玻璃杯里的水一样，不同颜色的水，对玻璃杯的衬托和人的视觉感知是不同的。空间中不同的“留白”同样对佛像的环境构成产生不同的效果。

1.“空”之境象

大乘佛教讲缘起性空，主张“一切有为法只是因缘和合所生的现象，没有常住不变、单独存在的自体”。⑤在佛教艺术中，将空间的营造融入造型语言已为常态。南京栖霞寺是南方寺院的代表之一，于建筑空间与佛像经营中强调各个构成元素、情态动势及空间实体的内在逻辑关联。受地形所限，栖霞寺的天王殿是寺庙中轴线上的第一个大殿，是连接山门和主殿的过渡空间。殿内两侧供奉四大护法天神，两两并排接受供奉。天王殿中央是主像弥勒佛，和韦陀背对背，弥勒佛与山门相对，在空间上形成呼应。环视天王殿，主像弥勒佛成为视觉中心，是人流的视觉焦点。从膜拜和人流线的角度，四大天王分布两侧，形成次中心，打造阶梯性视觉层次感。同时，四大护法天神对视殿内中心，构筑视觉核心，强化佛教磁场和宗教氛围。天王殿建筑规模不大，殿内诸佛尺度较大，空间相对紧凑，视觉冲击力强化，营造了室内空间中人与佛教雕塑的距离感。室内的佛像体量较为庞大，负空间相对狭小，雕塑之间的语境、语义和相互关联更为紧密，有利于佛教场所空间的营造。

2.“白”之神往

“艺术的境界，既使心灵和宇宙净化，又使心灵与宇宙深化，使人在超脱的胸襟里体味到宇宙的深境。”⑥中国传统诗词书画艺术注重“留白”，“可以生无穷之情”，雕塑亦然。南京栖霞寺的“千佛岩石窟始凿于南北朝时期”⑦，为开放性空间。沿摄山峭壁雕凿而成，以摩崖石刻、壁画浮雕为主，以开放的形态呈现于天地间。千佛崖“中 102”龛的飞天彩绘壁画和舍利塔南唐飞天浮雕，其画面空间均有“留白”，与中国画“留白”和书法中的“飞白”一脉相承，营造物象实体的残缺，生发意境的遐思

① 吴焯：《佛教东传与中国佛教艺术》，杭州：浙江人民出版社，1991 年，第 51 页。
② 梁思成：《佛像的历史（图文版）》，北京：中国青年出版社，2014 年，第 6 页。
③ 迟轲、陈儒斌、樊林：《石像，是有体温的：西方雕塑和它的故事》，武汉：湖北美术出版社，2011 年，第 135 页。
④［美］鲁道夫·阿恩海姆，滕守尧、朱疆源译：《艺术与视知觉》，成都：四川人民出版社，1998 年，第 302 页。
⑤ 赵朴初：《佛教常识答问》，广州：广州文化出版社，1989 年，第 73 页。
⑥ 宗白华：《美学散步》，上海：上海人民出版社，2005 年，第 147 页。
⑦ 南京市地方志编纂委员会、南京文物志编纂委员会编：《南京文物志》，北京：方志出版社，1997 年，第 318 页。

空间，引信徒以神往。千佛崖石窟佛像建造之始，已将像之本体与周围的环境空间紧密联系起来。千佛崖石窟临崖而立，佛龛前部空间宏阔而深远，苍茫辽阔的负空间与佛像的肃穆庄重气场相吻合，空间的虚与实、动与静遥相呼应。

石窟依山形地势而建，在吸收外来佛教雕塑技法的基础上，沿用传统的佛像塑造手法，天人合一，与周围的山石浑然一体。佛龛没有脱离山体而孤立存在，“山是一尊佛，佛是一座山”便是最好的阐释。以形写神的塑造手法和粗犷质朴的雕刻语言与山石空间的语境相融合，保持了视觉语言的整体和统一。摄山为千佛崖石窟构建了庞大的气场与环境，星罗棋布的佛龛洞窟为山体细化的一个个有机组成部分。佛像的开放式空间与封闭、半封闭空间构成方式在视觉语言上虽不尽相同，但空间“留白”和语境是相似的，负空间为主体佛像的视觉表现和环境空间中佛教氛围的渲染提供了更为广阔的创作空间和媒介。

三、造型语言的审美逻辑

佛教雕塑是一种十分复杂的文化艺术形式。从地域上来说，它源于古印度，其风格样式受外来文化与地域文明的合力影响。“离开了感情、情感、感受，就无所谓对现实的艺术掌握和对世界的宗教态度。”[①] 在贵霜王朝时期，南北不同区域的地理文化差异和政治生态造就了古印度佛教造像的犍陀罗和秣菟罗两大风格；时代更迭成就了希腊式佛像向印度式佛教塑像的华丽转身——笈多艺术样式的出现，促进了佛教雕塑向印度本土化的过渡。佛像自传入中国，相继出现师仿古印度佛像形制和汉地区域的佛像本土化倾向。汉文化与外来佛教文化的交流和碰撞，在佛教造像这一载体上呈现出独特的视觉形态特征。

鉴于中印两国人文地理的不同和人物体态特征的差异，佛教雕塑形态在东传中土革新和演变的过程中留下了岁月的痕迹。自我国西北地区到中原，克孜尔千佛洞—敦煌石窟—云冈石窟—龙门石窟一带，佛像的面孔逐渐呈现华人特征，尤以东晋刘宋时期的“秀骨清像”最为典型。作为舶来品的佛教雕塑艺术，在沿袭印度佛教造像风格的基础上，扎根中华大地，与周围环境融合，在化中国的时候，也被中国化。文化的交流，艺术的交汇，拓展了宗教艺术表现的人文空间，使其生发了持续发展的生命力。在传统文化和民族审美的双重作用下，以佛像为媒介的雕塑艺术与佛教有机结合，三维空间的塑造和文化环境的营造在建构“象”“言”“意”三位一体的汉地佛教雕塑中有其独特的视觉呈现方式。

印度佛教雕塑传入中国以后，经历了一个漫长的与中国传统文化交汇、和汉地本土雕刻相融合的过程。在持续不断吸收、借鉴、重构的过程中，逐步形成了具有典型东方审美特征、符合中华民族审美理念、体现民族情感和时代精神的独特艺术样式。诚如熊秉明先生所言：“每一个时代，每个民族都在雕塑上表现了他对存在的认识，无论雕塑的是神、是英雄、是女体，都反映这个时代、这一民族对存在所抱的理想。”[②] 汉传佛教雕塑亦是如此，它映射出了汉文化的宗教诉求、时代精神和民族风骨，其造型语言在汉化的过程中有如下特征：

其一，相学为本。相术古已有之，它与中国古代哲学“天人感应”和“阴阳五行”等思想紧密联系在一起，从而形成独特的社会文化现象。佛教雕塑在东传的过程中，融合中国的相学，结合风俗民情，逐步形成具有民族性审美的独特风格样式。栖霞寺佛教造像中，最热闹的一面彩塑当属位于毗卢宝殿的海岛观音群像，表现的是南海观世音菩萨普度众生的应身场景。观音以一副年轻貌美的慈母形象示人，然而佛像初传时期观音形象则迥然不同。处于佛教发源地的印度，观音菩萨还为男性形象；而传入中土，因其慈爱而柔美的特征，则逐渐演化为面容秀丽、体态端庄、性格温婉的女性形象。相由心生，至宋代，汉传佛教雕塑逐步展现出亲民、世俗化的视觉表现样式。佛教中国化的经典《坛经》在传承佛陀大乘思想的同时，汲取儒家伦理和道法自然的道家文化之精华，将诸佛和菩萨拉向人间，关切现实生活。栖霞寺天王殿中迎面而坐的是大腹便便、笑容可掬的弥勒佛。将未来佛以身形肥硕、笑态慈祥的布袋和尚形象示人，强化佛教的入世进取精神，凸显了中国佛像世俗化的视觉语言表现方式。

其二，以线写体。汉地佛教雕塑通过线条的长、短、粗、细、曲、直、轻、重、缓、急等节奏和韵律塑造形体。线条集中国书法和绘画于一体，是民族性审美的重要载体和造型方式，在佛教雕塑汉化过程中发挥了重要的作用。佛教初传入中国，出于对佛的尊崇，内地筑佛立像照搬印度造像样式而不加改变。至北魏，佛像逐步汉化，衣着多为汉服样式，中原人的面孔特征在佛教雕塑中渐渐显现。隋文帝时期设置于舍利塔（现立于

① 赖永海：《宗教学概论》，南京：南京大学出版社，2004 年，第 287 页。
② 吴为山：《吴为山艺文集》，北京：中华书局，2011 年，第 204 页。

三圣殿）前的导引佛，“像貌衣缕，谓有顾恺之笔法”，[①] 雕像上的衣纹线条圆润精巧，勾勒出佛慈悲为怀、和蔼可亲的形象。佛像与中国绘画线性语言相结合，以线绘形，以形写神，民族审美意识通过线条的节奏韵律，以汉地装饰化手法，于佛像面容和衣着等方面凸显汉族区域特征。

其三，度量一体。位于栖霞寺舍利塔的天王、力士像，共八块，分布于塔基四周。其形象生动，气势逼人，膨胀的体量感和空间视觉张力营造得雕塑十分精美。特别是北门东侧的力士像，虎头燕项，怒目圆睁，腹部浑圆，肌肉紧绷，塑像整体气流外涨，气势非凡。在中华传统文化中，对于“气”的体验十分看重，具有代表性的“气功”将体育、生理、心理等有机结合于一体，弘扬“天人合一”的中华文化精神，在“气”与“力”的磁场之间架起了一座桥梁。现代科学已经证实“气”与“力”的内在联系：“实验研究表明，气功可以作为发展力量素质的一种辅助手段。在进行力量练习和力量性项目训练的同时，配合气功练习能更好地发展运动员的力量，并能使其原有力量得到更好的发挥。”[②] 视觉艺术表现亦然，汉传佛教造像将力量和气势的视觉表现统一起来，在民族审美意识的关照下，将其以独特的方式呈现。与西方常用的动态美学、肢体语言、精准的解剖学和夸张的肌肉美学等表现方式不同，汉地佛教雕塑力量感的表达常常和“气”的表现紧密联系在一起。在视觉造型中，往往通过“气”的形体塑造表现“力”的体量。如龙门石窟中，位于卢舍那大佛旁的哼哈二将石雕，其力量的表现样式不同于西方主要通过动感型和肌肉式力量来塑造的典型样式，而是强调肚子的圆鼓和脖颈的粗短，以“气”的凝聚，传达“力”的强大，以彰显其威武雄姿。

总之，民族性的审美观念融合了佛像的视觉语言表现形式，使之与汉地佛教的内容相匹配。汉地佛教雕塑扎根中华大地，汲取儒、道等传统文化的精华，在融入地域文化的同时，拓展了佛教雕塑的表现空间和构成语言。

结语

汉传佛教雕塑在时代精神和民族审美的双重视域下，把握社会精神需求和审美需要，逐步推进其视觉表现方式的转化进程。独特的地理区位和民族风格，造就佛像的不同面貌，折射出汉地佛教造型艺术语言的审美逻辑。以自然山水作为背景，于大自然中发现美在佛雕艺术中屡见不鲜，体现了中国人独特的人文关怀和“天人合一”的传统文化理念；抽象的线条在佛教雕塑中成为重要的表现方式，线条的节奏、韵律、张弛等丰富了造像的内容，强化了表现的主体；追求佛教雕塑的整体性，营造和谐统一的佛境空间是中国宗教艺术的突出特点。在佛教石窟空间中，雕塑、壁画和建筑等相互呼应、相互渗透、相互融合，每一件雕塑都不是孤立存在的。在弘扬文化自信的当下，透视传统佛教雕塑，审视当下的艺术创作状态，探索艺术的发展方向是不可回避的课题。

（本文原载于《美术观察》2019 年第 11 期，有改动）

① 罗宗真：《魏晋南北朝考古》，北京：文物出版社，2001 年，第 64 页。
② 石爱桥、贝嘉德、夏双全：《用气功发展力量素质的实验研究》，《武汉体育学院学报》1987 年 01 期，第 55 页。

最“深奥”与最“浅白”的交流

——六朝神兽造型文创产品开发探究

文：王明妍

摘要：在继承和发展中国传统文化的过程中，中国传统审美需要得到继承和发扬，从而让年轻一代传承传统造型的审美法度。将六朝石刻元素引用到当下，潮流玩具领域是一个很好的延伸方向，因其不仅能使六朝石兽造型被人们了解和认识，也可以引起年轻人的兴趣。目前文创产业方兴未艾，比如故宫的文创产品，本土老品牌李宁的潮流化发展等。以六朝神兽造型为参考开发文创产品，是将我们优秀的文化元素转化成鲜活的文化产品的有益尝试。

关键词：六朝石刻；文化创意；造型语言

一、六朝石兽造型元素

六朝即东吴、东晋、宋、齐、梁、陈六个朝代。六朝石刻是中国历史上六朝时期的陵墓石刻，多位于今江苏省境内。六朝石兽是指六朝石刻中的辟邪、天禄、麒麟等，它们矗立于南朝皇帝和王侯的陵墓神道两侧。六朝时期从魏晋时期的薄葬，逐渐向汉代的厚葬风格演变，位于陵墓神道两侧的神兽造型也开始回归汉代雄浑的造像风格，多为石灰石材质，例如梁吴平忠侯萧景墓前的辟邪（图一和图二）。

图一

图二

二、六朝石兽造型风格特征

1. 造型圆融敦厚

从造型特点上讲：以辟邪为例，其造型整体性强，圆融雄浑，头部是抽象的狮子造型，造型已经简化为大的块面与优雅的长弧线的组合，身体两侧有翼。其丰富的造型语言可以给予玩具创作极大的想象和发挥空间。石辟邪四肢粗壮，爪子宽厚有力，按抓地面，胸腔上扬，凶猛威武的身躯传达了墓主人的孔武有力的精神；而吐舌的姿态史学界尚无定论，据考有表达威猛之意，也有为人臣子的服从之意。

2. 线性轮廓流畅

在文创产品中，多数为以平面设计为主的创意作品，以立体形式为主体的作品相对较少。而以六朝石刻为创作载体设计玩具造型，可以丰富立体造型的文创产品的种类。我们可以从石兽圆融敦厚的角度出发设计玩具。潮流玩具的一个很重要的特征就是平面化的简单线条的组合，这种简单的图形设计比较容易形成大众识别符号；而且要有一种“笨拙”的简单审美，才更符合现代潮流青年的随意与不羁的风格。

3. 处理手法简约而具有张力

在立体造型方面，可以使用非常简约而又考究的立体结构组合，让人从任何一个角度去欣赏玩具都有抽象立体造型的审美体验，这样的造型与南朝石刻中的神兽有共通之处。六朝石兽的造型结构相对更丰富，所以需要在潮流玩具的创作中将其简化、抽象。梁文帝萧顺之建陵石兽向一侧倾斜的兽头（图三和图四）与让人印象深刻的“toy2R”的歪头形象（图五和图六）异曲同工。

图三

图四

图五

图六

图九

三、六朝神兽造型在文创产品中的属性和意义

1. 大众图像性

六朝石兽具有汉代石刻的特点，这种雄浑大气的制作风格，深植于中国人的审美情趣中。近代以来，由于照相以及印刷技术的发展，加之互联网的发展，使得一些图像非常具有识别度。这样的图片便于在流行文化领域推广，比如波普艺术，很大程度上利用大众图像的深入人心的功能，发展自身的艺术领域语言。六朝石兽也具有一定的大众识别度，从文化研究的角度来看，它具有重要的文化、文物价值。同时，在近些年的视觉艺术发展过程中，南京市诸多部门、公共区域都使用了六朝石兽的形象（图七为南京市市徽，图八为南京火车站的雕塑，图九为六朝石刻邮票），这进一步使六朝石兽发展出了更广泛的大众图像性。这样的特性更适于应用到潮流玩具中，受众也会乐于接受。

图七

图八

2. 特殊的文化意义

以辟邪为例，辟邪形象为有翼狮虎兽，是中国神话传说中的神兽，有避御妖邪的作用。《小尔雅·广言》说“辟，除也”，即驱走邪秽，除去不祥，可以由此发展玩具的背景文化。类比同类型潮流玩具：潮流玩具一般会推出“十二生肖”系列，美国潮玩艺术家乔·莱德贝特（Joe Ledbetter）与新加坡公司发挥想象力合作推出了以“十二生肖”为主题的潮流玩具作品。生肖作为文化符号有诸多意义，与中国古代动物崇拜有关。十二生肖也是十二地支的代表，在阴阳五行、佛教典籍中都有相关记载，而且中国人用十二生肖纪年，也有祈福纳祥之意。乔·莱德贝特设计的玩具作品原形都来自他的绘画，他的作品大多是以角色为主导，他说“不是每个人都能负担得起5000美金一幅的绘画，但是相对而言，一只公仔可能只要40到60美金，而且同样具有收藏价值，我也可以利用卡通形象来诠释人类的生存状况”。六朝石兽的文化推广也可以从一个潮流玩具开始。

3. 发挥文化载体功能创作文创产品的案例

从文化的角度开发文创产品：2007年7月推出的全家“好神公仔”的设计师，从本土文化中汲取营养设计了“好神公仔”系列（图十和图十一），与全家便利店合作，创造了三十亿的销售额，广告在网络上的点击量超过十万次，神明图档在MSN上下载四十万次。“好神公仔”最初是九位神明，这九位神明都是大家耳熟能详的神祇，设计师为了推广度与亲和度，设计的线条简练，使用中国传统配色，将中国传统造像的造型加以提炼，设计出更诙谐、风趣的新的神祇形象。“好神公仔”很快推出了第二代，共十一位神明，造型延续了第一代的特点。微笑的神明形象，不仅不再让人感到敬畏，反而更加可爱和深入人心。

图十

图十一

图十二

图十三

笔者在南京大学举办的“南朝石刻的临摹写生与传统雕塑的保护人才培养”高级研修班的学习中实地考察了南京周边的六朝石刻，同时听取了各位专家和教授在理论层面深入浅出的讲授，再结合笔者对文创产品的关注与研究，总结出以上内容，并根据萧顺之的陵墓石刻创作了《南朝猛兽》这件作品（图十二和图十三）。作为潮流玩具，它需要具有一定的流行性，流行性就意味着作品不能晦涩，并且要有吸引力。我希望这件作品可以打破石刻原有形象威严雄壮、不可接近的气势，所以以较小的圆球状的元素对它进行变化，利用现在流行的养猫文化和大家对猫的喜爱，嫁接和转移这种对小宠物怜惜喜爱的情绪。作品保持了六朝石刻张嘴呐喊的表情，外在形式则为幼小圆融的身体，形成作品的情绪与形式的反差，带来一种诙谐的效果。从内在上体现六朝石刻造型的线性特征，同时将作品表面处理成石刻被时间侵蚀的痕迹，着意将远古的作品给现代人以理解和表达。

潮流玩具作为现代年轻人最为追捧的流行文化之一，具有最“浅白”的文化负载功能，它最简单，最好流通，有一定的通俗性。与之相较，最“深奥”的中国传统文化中的六朝文化，有着久远的时间、繁复的礼仪、含蓄的表达，承载着厚重的历史。将简单通俗的潮流玩具想象成一辆小车，它可以轻快推动传统文化的珍宝走向更多的受众，形成更好的市场效应，这是我们从事雕塑艺术创作的新思路。

神兽的造型与空间环境

——南朝陵墓石刻与同时期印度佛教雕塑的比较研究

文：王 文

美国学者韦陀（R.Whitfield）在其《千佛洞：丝路上的中国艺术》（《The Caves of the Thousand Buddhas：Chinese Art from the Silk Route》）中说：不管在印度、中亚还是东亚，佛教艺术始终是一个开放的系统。这一开放的系统有两个巨大的历史作用：第一，佛教艺术对这几个地域民族文化和价值观的塑造，佛教艺术和文化系统把这几个相对隔绝的地域联系起来，形成交流网络。第二，佛教艺术在和本土传统相融合的进程中，在塑造自己本土风格的同时，亦受到了其他数个处在动态变化中的佛教艺术的影响。处于动态中的印度佛教艺术和同样处于激烈变动中的中国南朝石刻的微妙关系是本文所关注的重点。南朝陵墓石刻的诸多图像细节与印度安达罗及巽伽王朝时的雕刻作品在造型、材料和制作风格上相比较，有翼兽的图像、象征手法以及大型石制雕刻是南朝石刻和同时期印度佛教雕塑的共有特点。两者的历史背景有相似性，不论是南朝陵墓的设计者还是印度佛窟和寺庙的赞助人、工匠，都对源自西亚的有翼兽造型、雕塑的自然环境有类似的理解。从公元前一世纪到公元八世纪，这种共同的审美观对今天两个族群的宗教艺术产生了巨大的影响。分析、比较印度安达罗及巽伽王朝佛教雕刻艺术和中国南朝陵墓雕刻艺术，可以还原出它们各自的发展脉络和历史原境。

一、印度古代佛教艺术分期及其与中国的文化交流

众所周知，与古代中国有直接文化联系的除了儒教文化圈的东亚、东南亚诸国之外，中亚和印度亦与古代中国联系紧密。在梳理古印度与中国的文化交流史时，必须要明确一个历史前提：中国史籍中的“天竺国”其实是一个非常松散的古代邦国，其并非像汉唐那样是一个统一王朝，而更类似于古希腊和中国夏商周三代那样有相似语言和艺术系统的多元文化体。[①]所以，本文与其说是讨论印度在中印文化交流中的角色担当，还不如说是讨论印度河和恒河流域诸国先后对东亚产生的影响。事实上，直到阿克巴建立莫卧儿印度帝国之前，古印度多个大小王国部落之间一直为政治、商业和宗教利益纷争不断。[②]现今从巴基斯塔白沙瓦、塔克西拉到尼泊尔加德满都再到印度金奈、萨尔纳特，随处可见各个历史时期风格各异的雕塑、寺庙、宫殿和陵墓，这一艺术形态构成了印度文化最外在也是最引人注意的景观。

一直以来，学界把古印度佛教艺术划分为三个发展时期，分别是贵霜王朝时期（约公元 1 世纪至 3 世纪），笈多王朝时期（约公元 3 世纪至 5 世纪），波罗王朝时期（约公元 8 世纪至 12 世纪）。各个时期都创造了具有时代特色的佛教艺术。与此同时，由于印度诸国文化自古就是多宗教的系统，最早的婆罗门教、耆那教和佛教一直处于相互混同的状态，所以这三个时期也是佛教和其他宗教相互影响的时期。换句话说，在这三个时期印度本土的佛教造型艺术呈现不同的样貌。而在古代中印艺术的交流中，这些复杂的宗教艺术元素亦在不同程度上影响到同时期的中国的艺术，中国南朝的陵墓石刻艺术就是一个非常生动的例证。

二、外来有翼兽造型及风格比较

1. 有翼兽的造型及功能

公元前 1 世纪到公元 3 世纪，安达罗王朝及巽伽王朝统治时期是佛教艺术在南亚大陆最兴盛的阶段。巽伽王朝统治者延续孔雀王朝阿育王的佛法教义，遵循教徒使命，将其贯彻到艺术中。但在这一时期，并没有“佛像”这个概念和造型实体，只有许多易于理解的象征性造像对其进行暗示和表达。山奇大塔和巴尔胡特一样，佛陀本身是以象征物来代替。比如，以一只小像象征“托胎”；摩耶夫人坐在莲花上，周围的小像向她喷水，代表“降诞”；

① ［日］关卫著，熊得山译：《西方美术东渐史》，上海：上海书店出版社，2007 年，第 74 页。
② ［德］库尔克·罗特蒙特著，王立新、周红江译：《印度史》，北京：中国青年出版社，2008 年，第 64 页。

有时用一朵莲花代表这一变相，用一匹空马象征“出家”等。这一描写佛传而不显现佛像的手法已经成为他们的惯例，堪称肖像学上的一种绝技。[①]

这种象征手法与中国南朝陵墓石刻的风格一致。魏晋以前，人们宗教观念淡薄，儒家和道家思想影响巨大，神人同体的宗教观并不普及，也没有出现神像崇拜和造像的历史传统。直到佛教传入，中国开始出现社会公众崇拜性质的造像艺术，这一点与古印度的宗教传统有所不同。但是，就现存的以大型动物雕刻为主的纪念性陵墓雕刻作品而言，其中有很多内容和形式与巴尔胡特、山奇大塔象征式的雕刻程式极其相似。帝陵神道石刻形成了由石柱、石碑、石兽组成的列置模式。这些陵墓动物雕刻既起到为帝王、贵族护卫陵寝、驱逐邪祟的作用，也是封建王侯贵族社会政治地位的标志和象征。[②]

2. 神兽形象的源流

安达罗王朝时期的山奇大塔建筑雕刻群里出现了有翼的狮子和有翼的猎狗形象。在南京萧梁时期陵墓的辟邪石刻上亦有带翼的狮子形象，这种狮形有翼神兽很难不让人联想到巴尔胡特和山奇大塔，甚至是阿赫门尼德波斯帝国皇宫墙壁上的同类图像。法国学者格鲁塞曾经考证，有翼兽起源于亚欧草原游牧民族的“格里芬”信仰，之后散布到东亚和南亚。[③]而王国维先生也曾在《观堂集林》中考证，中国魏晋佛教雕刻中的有翼兽形象极有可能是信仰佛教的粟特人从中亚传入中原的。[④]

与巽伽王朝乃至之前的印度艺术相似的是，自汉代以来，中国就形成了以动物为题材的陵墓雕刻艺术，构成了中国古代地面大型雕刻的一大特色。[⑤]这些神道石兽从外形来看，形制基本相似，均是张牙舞爪，刚健凶猛，其中的差别显示墓主人的等级尊卑。这些神兽颇为引人注意的是腹部两侧有鸟翼，这是“传神之笔”。南朝陵墓神道上的这些狮形有翼神兽的雕刻艺术，流行于汉魏六朝，也与当时盛行的长生不老、羽化升仙思想有关，在陵墓神道上放置这些狮形有翼神兽，大约是希望它们带着墓主人的灵魂飞升。

三、空间环境及意义：历史原境的比较

1. 亲近自然的空间环境

从巴尔胡特和山奇大塔的雕刻艺术群，可以看出安达罗及巽伽王朝时期印度贵族半世俗、半宗教的生活情形。这一类雕刻艺术虽受到外来影响的冲击，但仍有自己的特殊风格，我们可以从不同的雕塑题材中探析印度王者的真实图景。[⑥]其中水牛、猫科动物、龙蛇、金翅鸟、羚羊和野象等，向象征悟道的菩提树致敬。雕塑对大自然的深情关切，花木、动物形象被刻画得细致入微，无一不显示印度雕刻家对自然的崇拜。相比之下，亚述的薄浮雕稍显平庸与呆板，希腊的这类雕刻稍显冷漠无情。[⑦]

南朝陵墓的设计者对自然的热情完全不亚于巴尔胡特和山奇大塔的设计者，他们非常看重自然的作用，陵墓安葬多选择“背倚山峰，面临平原”的地形。南朝陵墓石刻均设在平地，石刻与墓葬之间往往相距很远（1000米左右），且多不在一条中轴线上，仅从地面石刻很难判断墓葬的准确位置。在帝王陵墓前的平地上开辟神道，并在神道两侧对称列置石刻。

古代印度人轻视此生，以解脱为人生最高理想，曾被梁漱溟先生看作是区别于西方人之勇敢进取、中国人之看重现实的另一类消极生活态度。[⑧]印度雕刻艺术和中国南朝时士族喜欢玄学空谈一样，都体现了一种贵族样式：他们消极的生活方式都与佛教乃至婆罗门教有深刻的关系。这种观念反映在那个时代的墓葬和宗教雕刻中，其超人间的寄托和理想都依托于城市文明之外的自然万物，不管是图像还是雕刻的造型，抑或建筑的选址环境，均是如此。

2. 南朝墓葬石刻与巽伽佛寺石刻的功能原境

不管是印度抑或中国南朝，佛教建筑、石窟和雕刻都得到了皇室资源的支持。这种在古代东方世界几乎是举国之力的赞助供养，使得中国和印度的佛教建筑和雕刻的体量几乎达到了前所未有的规模。另外，从印度的孔雀王朝开始，北印度的统治者和中国皇帝都奉行宽容的宗教政策，这也使得这两个地区的佛教发展

① ［法］雷奈·格鲁赛著，常任侠、袁音译：《印度的文明》，北京：商务印书馆，1965年，第42—43页。
② 中国陵墓雕塑全集编辑委员会编：《中国陵墓雕塑全集·两晋南北朝》，西安：陕西人民美术出版社，2007年，第4页。
③ ［法］勒内·格鲁塞著，蓝琪译：《草原帝国》，北京：商务印书馆，2009年，第49页。
④ 王国维：《观堂集林（外二种）》，石家庄：河北教育出版社，2001年，第389页。
⑤ 常宁生著：《权力与荣耀：罗马帝国与中国汉代雕塑艺术比较》，西安：陕西人民美术出版社，2003年，第128页。
⑥ ［英］加勒特主编，陶笑虹译：《印度的遗产》，上海：上海人民出版社，2005年，第43页。
⑦ 同上，第44页。
⑧ ［英］加勒特主编，陶笑虹译：《印度的遗产》译序，上海：上海人民出版社，2005年，第4页。

同本地的传统融合在一起，无论是造型还是功能，均呈现出多元的面貌。

在南朝石刻中，政治元素、道家玄学、礼乐制度深深地影响着造型艺术。帝王公侯陵墓前放置石兽，不外乎两个目的：一是体现等级秩序，二是赋予其特定的内容。从内容上说，这些石兽所反映的是当时流行的“谶纬”迷信。封建时代的帝王们为巩固其统治地位，往往说自己“受命于天”，因此制造出一种假象，即所谓的“天人感应”。把自然界所出现的一些灵异，解说成王者的德行之兆。南朝时期在这方面渲染得非常厉害，《宋书》的《符瑞志》就有三卷之多。在具体的“瑞应”记录中，第一项便是“麒麟”。麒麟的传说很早，据说孔子出生的时候就有“麟吐玉书于阙里”，即所谓“素王”之兆。由此可见，南朝石刻中的麒麟、辟邪等，其图像和造型虽受印度佛教和内亚草原艺术的影响，但是其功能和意义仍然不外乎王道天命等内容。

印度安达罗及巽伽、孔雀王朝统治阶层的宗教宽容政策，使印度佛教艺术同中国魏晋时代一样到了一个历史最高峰。但在印度自古便有浓厚的宗教氛围，所以相比中国南朝，佛教与其他宗教如婆罗门教等融合更多，而其佛教寺庙、石窟、雕刻的功能更多在于宣扬宗教的本质意义。

总结

通过对南朝墓陵石刻与印度安达罗及巽伽佛教雕塑的比较研究可清晰窥见，佛教在中国盛行之后，出现了本土造型传统与佛教艺术的冲突、拉锯和融合的局面。南朝石刻艺术此时所接受的印度佛教艺术的影响，其实是笈多艺术和犍陀罗艺术的混合体，而非单纯的内亚犍陀罗系艺术。而笈多艺术中本土化的开端，其实亦肇始于次大陆南方的安达罗和巽伽艺术的影响。通过对历史进程中造型艺术细节的比对，可以从更多的角度窥见了佛教艺术在各自文化体系下的发展。作为六朝造型艺术杰出代表的南朝陵墓石刻，在继承汉魏石雕艺术风格的基础上，积极借鉴、汲取中原北方和海外艺术的文化内涵，获得了重大发展，其雕刻手法渐趋精丽细致，具有极其丰富的凹凸有致的曲线，展现出矫健灵动与典雅秀丽完美融合的时代特色，充溢着内在的坚实力量和旺盛的活力，堪称中国雕塑史上承前启后的经典之作。

基于南朝陵墓神道石刻谱系传承嬗变的研究

文：李晨洁

南朝陵墓石刻样式上承汉代已是学界普遍共识。滕固认为："六朝陵墓的石兽与宗资墓的石物比较接近，可知其渊源于河南一带……而六朝陵墓上的有翼兽，可断言为渊源于汉代。"[①]朱希祖也认为："征之汉代实物，汉南阳宗资、宋均等墓，均有石天禄、辟邪。"[②]朱偰通过比较汉及六朝陵墓前石兽之异同提出："六朝陵墓前的石兽，一方面是上承汉代，一方面是下启唐、宋。拿它们和汉代现存的石兽（如南阳汉宗资墓的天禄辟邪、四川雅州汉高颐墓的一对石兽）来互相比较，则汉代的石兽装饰比较朴素，六朝的石兽装饰比较繁复；汉代的石兽雕刻比较简单，六朝的石兽雕刻比较复杂。"[③]杨宽认为，南朝的石兽"可能就是从东汉石麒麟、石辟邪的形象演变而来"。[④]罗宗真提出："所有石兽从雕刻艺术、形态作风综合来看，它们一方面继承了汉代传统，一方面又吸收了西方外来的一些特色，如它们和波斯、希腊的一些神兽形象类似。"[⑤]但对南朝陵墓石刻与东汉石刻之间的传承关系语焉不详。

根据《南齐书·齐豫章文献王传》记载："上数幸嶷第，宋长宁陵隧道出第前路，上曰：'我便是入他家冢墓内寻人。'乃徙其表阙麒麟于东岗上。麒麟及阙，形势甚巧，宋孝武于襄阳致之，后诸帝王陵皆模范而莫及也。"[⑥]刘宋孝武帝陵前的麒麟与阙表之类石刻与中原襄阳有联系，是否存在文化传承关系值得深究。笔者希望综合各家所言，梳理出南朝陵墓神道石刻在传播路径上的系谱传承关系。

《西京杂记》中"五柞宫石麒麟"条下记载："五柞宫有五柞树，皆连三抱，上枝荫覆数十亩。其宫西有青梧观，观前有三梧桐树。树下有石麒麟二枚，刊其胁为文字，是秦始皇骊山墓上物也。头高一丈三尺。东边者前左脚折，折处有赤如血，父老谓其有神，皆含血属筋焉。"[⑦]显示秦始皇骊山前有"成对"的石麒麟。城固张骞墓前有成对相向的"石虎"，虽然已经残破不堪，但也是成对配置在相向夹道的墓前，这些"石虎"对东汉时期发现的陵墓石刻以及墓葬的形制影响深远。从汉光武帝刘秀墓前的夹道石刻开始，帝王陵墓前列置成对石兽的传统在中国历史上延续了千年。学术界普遍认为东汉为墓前夹道石刻及其与神道为一体的定制的开端。东汉时期已经出现了由人物、动物、神兽、碑、柱等构成的群体雕刻，并已采取了沿中轴线对称列置于神道两侧的组合态势。

2015年霍巍提出以六朝陵墓中瑞兽的嬗变映射"汉制"与"晋制"之间的承袭关系，提到六朝墓葬相较于汉朝墓葬制度的一个重要变化，就"是在大型墓葬的地表出现了具有制度化特征的神道石刻"。[⑧]发展到南北朝时期，在帝王陵墓封土前的地面上开辟神道，并在神道两侧对称列置石刻已经成为固定的埋葬制度。[⑨]根据南京、丹阳和句容三地的实物遗存，学界公认南朝帝王陵墓神道石刻由碑、柱、兽三种进行组合排列。既有做石兽一对、石柱一对、石碑一对的三种六件之制，也有做石兽一对、石柱一对、石碑两对的三种八件之制，还有仅做一对石兽或一对石柱的。

陵墓地表用石刻的制度确知源于西汉[⑩]，东汉末年流行，之后时禁时弛。现存南北朝之前的陵墓神道石刻多数是东汉末年的，种类繁多，有石兽、石柱、石碑、石祠、石羊等。

北魏郦道元《水经注》卷三十一记载："汉中常侍长乐太仆吉侯苞冢，冢前有碑，基西枕岗，城开四门，门有两石兽，坟倾

① 滕固：《六朝陵墓石迹述略》，《六朝陵墓调查报告》（南京稀见文献丛刊），南京：南京出版社，2010年，第163—164页。
② 朱希祖：《天禄辟邪考》，《六朝陵墓调查报告》（南京稀见文献丛刊），南京：南京出版社，2010年，第240—250页。
③ 朱偰：《修复南京六朝陵墓古迹中重要的发现》，《文物参考资料》1957年第3期。
④ 杨宽：《中国古代陵寝制度史研究》，上海：上海古籍出版社，1985年，第78页。
⑤ 罗宗真：《六朝考古》，南京：南京大学出版社，1994年，第98页。
⑥ [梁] 萧子显：《南齐书·齐豫章文献王传》卷二十二，北京：中华书局，1972年，第413页。
⑦ 刘歆撰，葛洪辑，王根林点校：《西京杂记》卷三"五柞宫石麒麟"，《汉魏六朝笔记小说大观》，上海：上海古籍出版社，1999年，第96页。
⑧ 霍巍：《六朝陵墓装饰中瑞兽的嬗变与"晋制"的形成》，《考古》2015年第2期。
⑨ 邵磊：《对南朝陵墓神道石刻研究的回顾与反思》，《南京晓庄学院学报》2010年01期。
⑩ 杨晓春：《南朝陵墓神道石刻渊源研究》，《考古》2006年第8期。

墓毁，碑兽沦移。人有掘出一兽，犹全不破，甚高壮，头去地减一丈许，作制甚工，左膊上刻作辟邪字。”①《后汉书·孝灵帝纪》“中平三年”下唐人李贤注云：“今邓州南阳县北有宗资碑，旁有两石兽，镌其膊，一曰天禄，一曰辟邪。据此，即天禄、辟邪并兽名也。汉有天禄阁，亦因兽以立名。”②《水经注·洧水篇》记载，汉弘农太守张伯雅墓“茔域四周垒石为垣……庚门表二石阙，夹对石兽于阙下，冢前有石庙，列植三碑……碑侧树两石人，有数石柱及诸石兽”。③这些都显示出当时开始在陵前放置石兽，但是未形成石兽、石碑、石柱的组合。

《南齐书·齐豫章文献王传》中“宋孝武于襄阳致之，后诸帝王陵皆模范而莫及也”④，说明了石兽、石碑与襄阳之间的地缘关系。并且可知长宁陵前已有石兽、石碑、石柱，且样式精美，后来的帝王陵都以此为模范。其中“于襄阳致之”一句，耿朔根据孝武帝在做皇子时出镇襄阳的经历，解读为孝武帝欣赏当地的工艺，所以不惜成本也要运回建康。《水经注·沔水》中言，襄阳附近有“蔡瑁冢，冢前刻石为大鹿状，甚大，头高九尺，制作甚工”⑤。蔡氏为东汉末年豪族，以此来说明东汉末年襄阳已经会制作大型石雕，且工艺颇巧。

已知南北朝之前的陵墓石兽以河南、四川两地为主，均为东汉末年的产物，尤以河南南阳出名。南阳与襄阳相距不远，西晋以来士人南渡，由南阳至襄阳者为数不少，而石兽的制作方法可能就是在移民的过程中带过去的。襄阳已无遗存，不过从南阳现存的一些石刻，如宗资墓石兽、卧龙岗石兽中仍可窥见一斑。

河南洛阳也出土了类似的石兽，加之东汉末期中原大量人口南迁，不少学者提出襄阳、南阳的石兽造型作法可能是从洛阳传播而来。耿朔认为，地理位置上三地都属于一个地理单元，并且出土的东汉时期的两座石雕，白马寺西北象庄的石象和 1992 年在孟津刘秀坟东南发现的石辟邪可以间接证明其与洛阳有联系。然而已有的文献资料显示，虽然已发现的石兽大部分都出土于洛阳和南阳，但经过风格比较研究，两地不可能存在借鉴传承关系。日本学者菊地雅彦运用类型学比较研究了东汉时期两地的石兽，分别是洛阳孟津出土的石兽和南阳汉画石刻馆藏东汉汝南太守宗资墓石兽。经过对两地出土石兽从整体形态到局部细节的细致比对，得出如下结论：

1. 从整体造型看，孟津石兽呈“L—S”中间形曲线，先迈左脚，头向左侧。宗资墓石兽两体均呈“S”形曲线，但均失前脚，现据后腿情况，判断以左脚前伸者为“左石兽”，右脚前伸者为“右石兽”。孟津、宗资墓石兽整体造型差别很大。四川石兽多呈“L”形。

2. 南阳宗资墓一对石兽在细节上有些区别。最明显的区别是胸前，左兽胸部下半部分与右兽的不同。一对石兽在装饰上的区别很明显，值得注意。

3. 除躯体形态差别较大外，孟津和宗资墓石兽的头部、颚、胸部（含口、舌、髭须）、翼、腰、臀、背脊以及鼻、角、脚、尾巴等造型和体表装饰图案处理方面均有显著区别。

4. 汉代石兽造型技术系统并不统一，同时至少有两个技术系统。这是东汉石兽很重要的特点。⑥

从上面可以看到，前三点论述了两者的差异性，在第四点中菊地雅彦直接提出汉代石兽造型技术系统不排除多元化的可能性，至少有两个技术系统，否定了两个地区石兽造型技术的直接联系，间接说明了两地不存在石兽造型技术的传承关系。

再把东汉两组石兽与南朝陵墓神道石刻进行对比（如下图表），可以发现洛阳孟津石兽是个个案，丹阳地区的南朝陵墓神道石刻基本没有与其有多个相同特征的石兽，由此我们可以推测东汉时期洛阳与南阳、襄阳关于石兽造型未有直接交流，而是并存的两个系统。

东汉石兽与南朝石兽形态、体表装饰关系表

编号	地点	左右	形态（长胫苗条为长苗，短胫矮胖为短矮）							体表装饰							
				脚	踏物	头向	躯体形态		臀部	头部				躯干			
										眉毛	嘴唇	舌、髭须		翼、前脚、肘		后脚	背部
1	洛阳孟津	左兽?	左	踏蟾蜍	向左	正对	SL 中	长苗头部大	A	蝉眉	A	A	素面舌	A	无饰	A	A

① ［北魏］郦道元：《水经注校》卷三十一，上海：上海人民出版社，1984 年，第 987 页。
② ［南朝宋］范晔：《后汉书·孝灵帝纪》卷八，北京：中华书局，1965 年，第 353 页。
③ ［北魏］郦道元：《水经注校》卷二十二，上海：上海人民出版社，1984 年，第 700 页。
④ ［梁］萧子显：《南齐书·齐豫章文献王传》卷二十二，北京：中华书局，1972 年，第 414 页。
⑤ ［北魏］郦道元著，杨守敬、熊会贞疏：《水经注疏》卷二十八，南京：江苏古籍出版社，1989 年，第 2379 页。
⑥ ［日］菊地雅彦：《南朝石兽与东汉石兽比较研究》，《四川文物》2014 年第 1 期。

编号	地点	左右	形态（长胫苗条为长苗，短胫矮胖为短矮）							体表装饰							
				脚	踏物	头向	躯体形态		臀部	头部				躯干			
										眉毛	嘴唇	舌、髭须		翼、前脚、肘		后脚	背部
2	南阳宗资墓	左石兽	左	无脚	向左	正对	S 字	长苗头部小	A	深眉	D	A	多条钩文 1 支	A	毁损	毁损	A
		右石兽	?	无脚	面对?	正对	S 字	长苗头部小	A	深眉	D	A	多条钩文 1 支	A	毁损	毁损	A
3	南京麒麟铺初宁陵	左石兽	右	未踏	面对	上仰	L 字	短矮形	A	细眉	B	A	素面卷文 6 支	B	三角形	B 古式	A
		右石兽	左	无脚	面对	上仰	L 字	短矮形	A	无存	B	A	素面卷文 6 支	B	三角形	B 古式	A
4	丹阳仙塘湾	左石兽	左	踏蟾蜍	振前	正对	S 字	长苗头部小	B	深眉	D	B	一蕨文 6 支 + 多蕨文 3	C	无饰	C	C
		右石兽	右	踏蟾蜍		正对	S 字	长苗头部小	B	深眉	D	B	一蕨文 6 支 + 多蕨文 3	C	无饰	C	C
5	丹阳金家村	左石兽	左	无脚	振前	正对	S 字	长苗头部小	B	深眉	D	B	一蕨文 6 支 + 多蕨文 3	不明	不明	C	C
		右石兽	右	未踏	振前	正对	S 字	长苗头部小	B	深眉	D	B	一蕨文 6 支 + 多蕨文 3	C	无饰	C	C
6	丹阳狮子湾	左石兽	左	踏蟾蜍	振前	正对	S 字	长苗头部小	B	深眉	D	B	一蕨文 6 支 + 多蕨文 3	C	无饰	C	C
		右石兽	右	踏动物	无头	正对	S 字	长苗头部小	B	无头	无头	B	一蕨文 6 支 + 多蕨文 3	C	无饰	C	C
7	丹阳前艾庙	左石兽	左	踏蟾蜍	振前	正对	S 字	长苗头部小	B	深眉	D	B	一蕨文 6 支 + 多蕨文 3	C	半圆形	C	C
		右石兽	缺	无脚	振前	正对	S 字	苗条头部小	破坏	深眉	D	B	磨灭不清	C	磨灭	磨灭	磨灭
8	丹阳三城巷 2（建陵）	左石兽	左	无脚	振前	正对	S 字	长苗头部小	B ?	深眉	D	B	一蕨文 6 支 + 多蕨文 3	C	半圆形	C	C
		右石兽	右	无脚	振前	正对	S 字	长苗头部小	B ?	深眉	D	B	一蕨文 6 支 + 多蕨文 3	C	半圆形	C	C
9	丹阳三城巷 3	左石兽	右	踏蟾蜍	振前	上仰	L 字	短矮头厚重	A	深眉?	C	A	素面蕨文 6 支	D	三角形	素蕨	素蕨
		无存															
10	丹阳三城巷 1	左石兽	右		无头		SL 中		无存	无头	无头			不明	不明	无存	无存
		右石兽	左	无脚	振前	上仰	SL 中	短矮头厚重	B	细眉	C	A	多条钩文 6 支	B	三角形	B	B
11	丹阳三城巷 4	无存															
		右兽?	左	未踏	面对	上仰	L 字?	短矮头厚重	无存	细眉	C	A	多条钩文 6 支	B	三角形	无存	无存
12	丹阳陵口	左石兽	右	无脚	面对	上仰	SL 中	矮胖头厚重	B	细眉	C	A	多条钩、蕨文 6 支	B	大三角形	B	B
		右石兽	左	无脚	振前?	上仰	SL 中	矮胖头厚重	B	细眉	C	A	多条钩、蕨文 6 支	B	大三角形	B	B
13	南京狮子冲	左石兽	右	未踏	面对	上仰	SL 中	短矮形	B	长眉	C	A	多条蕨文 3+（2？磨灭）	B	三角形	B	B
		右石兽	左	未踏	面对	上仰	SL 中	短矮形	B	长眉	C	A	多条蕨文 3 多条钩文 2	B	三角形	B	B

（图表源于菊地雅彦《南朝石兽与东汉石兽比较研究》）

值得一提的是，2011 年宋震昊查访了多个东汉时期的石兽，包括：洛阳关林博物馆藏两件、偃师商城博物馆藏一件、美国堪萨斯城纳尔逊—阿特金斯美术馆藏一对、美国旧金山亚洲艺术博物馆艾佛瑞·布伦戴奇专藏区一件、瑞典斯德哥尔摩远东古物博物馆藏一件、目前下落不明的石兽一件，共八件。他发现洛阳及周边地区的汉代石刻，最突出的特点就是其翅膀的羽毛呈三层排列。把这一显著特征与丹阳地区的南朝陵墓神道石刻进行对比，就能发现丹阳的南朝陵墓神道石刻完全不存在这种特征，再次证明了洛阳与南朝陵墓神道石刻无直接联系。

从上面两个研究我们可以看出，洛阳石兽造型未直接影响到丹阳地区的南朝陵墓石刻造型。但是，南阳地区发现的宗资墓石兽与丹阳石兽具有一定的相似性。从石刻的整体风格上看，两者都具有灵动欲飞的特征。从细节上看，从上表可看出南阳宗资墓石兽与丹阳三城巷 2 中的石兽的相似度较高，这也印证了《南齐书·齐豫章文献王传》中“于襄阳致之”这句话。

由上我们是否可以推测，东汉时期的至少两个石兽造型系统发展到南朝时，形成了多个石兽造型系统。从上表也可以看出，这些石兽之间有很强的相似性，可以对其进行分组归类。丹阳的仙塘湾石兽、金家村石兽、狮子湾石兽、前艾庙石兽和梁太祖文帝建陵石兽等五处石兽可以归为一类。丹阳三城巷 1、丹阳三城巷 4、陵口和南京狮子冲的四处石兽，除“振前”或者“正对”的不同、头部表现的“细眉”或“长眉”不同以外，各石兽之间都存在一定的相关性，而没有明显的分类上的差异。[①] 其他未能归属大类的南朝陵墓神道石刻，彼此都或多或少有一些相似之处。不少学者认为是东汉不同的石兽造型系统的存在导致南朝陵墓神道石刻的差异，正是由于其各自继承的东汉石兽的造型不同，加

① ［日］菊地雅彦：《南朝石兽与东汉石兽比较研究》，《四川文物》2014 年第 1 期。

上政治、文化、经济各方面的影响，发展成后期各自不同的风格。

杨晓春提出，西晋初年陵墓神道石刻使用石兽、石柱、石碑已经成为常见的做法。[1] 西晋初年陵墓神道石刻多为“石兽碑表”。对“碑表”的解释，《三国志·诸夏侯曹传》中有一条“（曹）爽参军，杨伟为爽陈形势，宜急还，不然将败”，裴注引“《世语》曰：伟字世英，冯翊人。明帝治宫室，伟谏曰：‘今作宫室，斩伐生民墓上松柏，毁坏碑兽石柱，辜及亡人，伤孝子心，不可以为后世之法则。’”[2] 其中提到“碑兽石柱”，恰好可以断句为碑、兽、石柱。《水经注》中也多用“碑志”表碑，故此处应为石兽、石柱、石碑。《太平御览》引《晋令》所言“诸葬者皆不得立祠堂、石碑、石表、石兽”亦可证明。尽管汉代陵墓石刻种类较多，到魏晋时期随当时社会发展逐渐形成碑、柱和兽三种代表，成为公元3世纪中原地区具有代表性的墓前设施，只是还不能肯定它们是否成了固定组合。

两晋之际，北方诸族入主中原，造成大批士人南渡，于是东晋南朝成为汉、晋文化延续之地。陈寅恪先生说“江左承袭汉、魏、西晋之礼乐政刑典章文物”[3]，展示了中国传统文化的传播与继承。东晋时期的帝陵神道石刻至今未见，故有学者以为东晋帝陵不用神道石刻。不过也有一般墓葬用石刻的例子，数量很少，且大都在政治中心地区之外。大约东晋墓葬神道用石刻未成制度，对南朝亦无甚影响。

汉、晋、南朝的文化是一脉相承的，南北朝时期处于外族入侵与汉人迁徙的大变革时代。由于战乱频繁，以汉民族为主体的晋政权南迁，带去了大量生产人口和先进技术，南方经济得到快速发展，从而在南北朝时期割据一方，建立南朝。正是基于南北朝这种特殊的历史环境，其内外矛盾及结构性演变差异所带来的影响，使得南朝文化艺术也呈现出与前朝不同的特点。至此，南方与北方形成抗衡的局面，之后南朝政权核心为了标榜和证明其文化正统的地位，承袭前人习惯制作大量墓葬石刻，与中国北方的墓葬制度形成强烈对比。“一方面追承魏晋风度，从精神层面的立意谋胜北魏。另一方面援引汉制，恢复部分东汉陵墓石刻。但其与石兽、石碑一起成组出现，则是‘汉制’的表现形式。南朝陵墓石刻突破了魏晋以来‘不封不树’的禁断，在刘宋建国后不久出现，是制衡北魏国号号召力的重要措施。”[4] 墓葬形制与石兽造型水平成为南朝延续汉制墓葬正统的一个证明。

南朝陵墓神道石刻作为南朝时期的历史文化遗存，极具魅力和研究价值，其与整个陵墓所组成的文化生态，既涉及了早期汉民族的陵墓建筑技术与艺术，又体现了南北朝丧葬文化传统，并旁及碑版金石文字学、雕塑艺术乃至古代造物观念与技术，集中华文化传统之大成，文史价值非同寻常。正如吴为山先生在其艺文集中谈及中国传统雕塑的艺术风格时，对南朝陵墓石刻的论述：“大型陵墓石刻肇始于汉代，南朝和唐代的作品代表了陵墓石刻的最高成就……”[5]南北朝时兼容并蓄的艺术发展，其艺术风格的转型更为鲜明，呈现出大一统文化环境下所不具有的独特生命力。作为南北朝时艺术杰出代表的南朝陵墓神道石刻，不仅继承了汉魏石雕艺术的风格和技术，还内化吸收了佛教和海外文明的艺术内涵，创造出独特的艺术语言。林树中先生认为南朝陵墓石刻上承春秋战国与秦汉，下启隋唐，在艺术上有极高成就，并且具有浓郁的地方特色和时代精神，在中国雕塑史上占据重要地位，即使置于世界艺术宝库，也能放出耀眼的光辉。

综上所述，南朝陵墓神道石刻继承汉制、发展晋制，形成了以石兽、石柱、石碑为主的陵墓雕刻制度。其中石兽的传播痕迹清晰，从南阳传播到襄阳，之后随着文化中心、政治中心的转移，逐渐从洛阳传至建康。南朝陵墓神道石刻承袭前人智慧及工艺，不断发展，形成今亦可见的南朝陵墓神道石刻。在艺术表现上较汉、晋时期更为生动，尤其是内化了佛教艺术，如模仿印度风格狮子的王侯墓石兽、莲花纹的石柱盖。梁思成评价南朝石兽时说：“艺术之最高成绩，荟萃于一痕一纹之间，任何刀削雕琢，平畅流丽，全不带烟火气。”[6] 杨鸿、李力赞叹其艺术成就：“南朝石刻神兽与汉代同类石刻相比，雕琢技艺明显进步，特别是镂雕技术有较大提高，绝非西汉霍去病墓石刻古拙技法可比。尤其是南朝石刻的巨大体量，更非汉代石兽可比。因此南朝石刻气势非凡。伏在绿野中的巨兽，昂首直对苍穹，更加令人有积聚力量即将展翅腾飞之感。”[7]

① 杨晓春：《南朝陵墓神道石刻渊源研究》，《考古》2006年第8期。
② ［西晋］陈寿：《三国志·诸夏侯曹传》卷九，北京：中华书局，1959年，第283—284页。
③ 陈寅恪：《隋唐制度渊源略论稿·唐代政治史述论稿》，北京：生活·读书·新知三联书店，2001年，第3页。
④ 倪润安：《南北朝墓葬文化的正统争夺》，《考古》2013年第12期。
⑤ 吴为山：《吴为山艺文集》，北京：中华书局，2011年，第230页。
⑥ 梁思成：《中国古建筑调查报告》上，北京：生活·读书·新知三联书店，2012年，第421页。
⑦ 杨鸿、李力：《文物与美术》，北京：东方出版社，1999年，第61页。

南朝石刻辟邪石兽纹饰探微

文：丁以涵

摘要：南朝石雕在中国艺术雕刻史上占有重要地位。本文以南朝石兽造型纹饰作为切入点，系统地从南朝陵墓石兽现状、辟邪石兽纹饰分类、南朝石刻的传承与价值等多个方面来分析其造型风格、美学元素及艺术价值。

关键词：南朝石刻；石兽纹饰；文化遗产；艺术价值；美学特征

在中国雕刻史上，南朝石刻占据着重要地位。这些分布在南京、丹阳的南朝帝王及贵族陵墓石刻群，已有一千多年的历史。随着漫长的时间流逝，这些陵墓的主体基本都已经毁坏，留给我们的除了地下建筑、随葬物品以及历史文献资料以外，最为辉煌的就是墓道上的石刻群了。南朝石刻作为一种重要的艺术遗存，一直以来都是学者、艺术家的研究对象。本文通过对南朝石刻石兽造型纹饰的分析，来探寻其造型风格、美学元素及艺术价值。

一、南朝陵墓石兽概述

南北朝时期局势动荡，政权更迭极为频繁。南朝有宋、齐、梁、陈四个汉族政权，虽然国家局势动荡，但是战乱加剧了各个民族的交流与融合，经济、政治、文化、艺术都发生冲撞和交融，催生出繁荣多样的新面貌。在这样的分裂割据时代背景下，思想与艺术形态不断变化融合，使得这一时期的艺术作品独具特色，而南朝石刻群便是这个时代雕刻艺术的集中体现。南朝陵墓石刻中的辟邪石兽形体高大，气势恢宏，主体形象类似狮子，动态自然而生动，让人可以感受到当时雕刻者丰富的想象力与创造力。南朝石刻代表了六朝石刻艺术的最高成就，且对后世有着深远的影响。

范文澜先生曾指出：“中国古文化极盛时期，首推汉唐两朝，南朝是继汉开唐的转化时期。唐朝文化上的成就，大体是南朝文化的更高发展。”各个历史时期的陵墓石质雕像作为墓葬的有机组成部分，其本身的设计和装饰值得我们研究和探讨，同时这些研究也可以从侧面反映出历代的陵寝制度、丧葬文化等。南朝石刻处于一个特殊的时代背景之下，它上承秦汉，下启隋唐，可与同时代的北朝石窟艺术遥相媲美。可以说南朝石刻不仅是我国艺术史上的瑰宝，也是世界艺术宝库中的珍贵财富。① 南朝时期的陵墓雕塑，集中于南京、丹阳、句容等地，其中南京江宁区有10处，丹阳11处，句容1处。②

二、辟邪石兽纹饰梳理

石刻群中的辟邪石兽最为引人注目，这些石兽外观主体形似狮子，高大威猛，昂首挺胸，长尾曳地，腹有双翼，四肢粗壮，前后交错，舌头伸于口外，身体各个部位还刻有不同的装饰纹样，整体造型大气生动，凸显了时代特色。以辟邪石兽为研究主体，通过对南京、丹阳地区石辟邪的考察，我们发现其造型很接近于现实生活中的狮子。辟邪石兽造型一般都是昂首挺胸，双眼圆睁，张口吐舌或垂舌，腹有双翼，长尾曳地，一足前迈。其中皇帝陵前辟邪石兽均有角，作张口吼叫状；王侯墓前石兽均无角，长舌垂胸。本文探寻石辟邪的纹饰特征，主要从头、足、尾、背、胸、飞翼几个方面进行研究。

1. 飞翼纹饰

丹阳地区南朝陵墓辟邪石兽多有双翼，在造型上增添了一份雄鹰的力量感，两翼修长，上饰长羽纹。翅膀形态丰富，有单层双翼与双层双翼，其中纹饰主要分布在双翼中心与翼尾。

双翼中心的纹饰，前端有一个类似祥云的装饰图案，后面则是一种类似于鱼鳞的纹样，层层向后有序排列，错落有致，十分精美。还有一种则没有用鳞片式的纹样进行装饰，前端有一个旋涡纹一直延伸，与翼尾相连。例如现存于丹阳的梁武帝萧衍修陵，

① 罗涛：《南朝陵墓石刻的美学特质及其保护理念》，《北京理工大学学报（社会科学版）》2007年第3期，第6—10页。
② 徐巧慧：《南京地区南朝陵墓辟邪石刻探微》，《装饰》2009年第8期，第84—85页。

石兽双翼根部雕刻着修长的羽翅纹样，显得石兽羽翼丰满，极具腾飞之力。其中有阴刻的月牙形纹饰并带钩纹，同时用三角形作为装饰纹样，雕数片小翼组成大翼，不追求动物的本形，但纹饰富丽，具有浓厚的装饰意味。石兽飞翼以涡纹与鳞片纹为主，续以雕刻羽翼长翅。整体造型简洁明了，形象生动。

2、头部纹饰

头部纹饰主要有眼部纹饰、鼻部纹饰、嘴部纹饰、角纹饰、耳部纹饰、颈侧纹饰，其中还有嘴唇、胡须、鬃毛等等。

在现存可考头部没有缺失的石兽中，齐宣帝永安陵中右石兽的眉毛纹饰由八条几何弧线纹组成；齐景帝修安陵现存的两对石兽的眉毛也同样由八条线纹组成；梁文帝萧顺之建陵右侧有角石兽的眉毛纹饰缺失，左侧有角石兽的眉毛纹饰则是由八条几何弧形线纹组成的深厚眉纹。这些石兽眉毛的纹样较为统一，线条数量也基本是八条。

眼部纹饰一般运用四条阴刻纹组成菱形眼眶纹饰，或运用阴刻线组成扇形眼眶纹饰。以丹阳地区为例，从石兽纹饰中可以看出菱形与扇形之间的转变，线条灵动且有流动感，这种眼部纹饰表现手法直接影响了后来龙的眼部纹饰。石兽鼻部的纹饰各有不同，有的鼻梁部分不加装饰，有的则为圆形或椭圆形，还有的用三条“U”型线进行装饰，各地似乎没有统一的标准。石兽耳部装饰大多在耳郭处有两条或四条弧线阴刻纹，也有的不进行装饰。

角纹饰是南朝陵墓有角石兽最具特色的纹饰之一，现存不多，但每一处都独具特色。齐景帝修安陵左侧有角石兽角纹饰运用环绕于角上的鳞片纹饰进行装饰，这种纹饰类似于古代女性头上的发箍；而梁武帝修陵的右侧有角石兽角纹饰则比较特殊，是在角部以镂空半圆形作为装饰；陵口石刻右侧有角石兽角部装饰为贯通的线性纹饰，角上部为五条线纹，外侧为七条线纹。由于石兽头部损毁较多，很多不可考，也无法探寻其中的规律，似乎各有各的风格。

以齐宣帝永安陵、齐武帝景安陵、齐景帝修安陵为例，现存的石兽嘴唇都是由环绕嘴四周的三条线性纹饰进行装饰，有的是一条线性纹饰。嘴唇上并没有过多复杂的装饰，较为简约。嘴部纹饰中胡须部分，以齐景帝修安陵的石兽胡须纹饰最有特色，左侧有角石兽的纹饰由五条左右对称的 “S ”形线纹组成，另一种则是嘴下部左右各一条阴刻藤纹对称分布。石兽的胡须纹饰总体来说一脉相承。

丹阳境内南朝陵墓有角石兽嘴部纹饰中的鬃毛纹饰也很有特色。鬃毛纹饰一般用于有角石兽，这是南朝陵墓有角石兽纹样的一大特色，具有鲜明的外来文化特点。在南齐帝陵中，齐宣帝永安陵和齐武帝景安陵现存的右侧有角石兽，皆为八条明刻线纹组成的向下鬃毛纹饰；齐景帝修安陵的左侧有角石兽为十条阴刻线纹组成的向上鬃毛纹饰，右侧有角石兽为十条阴刻线纹组成的向下鬃毛纹饰；梁文帝建陵、梁武帝修陵、梁简文帝庄陵石兽的鬃毛纹饰也皆左侧向上、右侧向下，而采用的纹饰也都为阴刻线纹，使用左右有别的装饰方式。[1] 至于颈部纹饰，有四条阴刻藤纹的浅浮雕纹饰，从鬃毛下方延展，布满有角石兽侧前方区域，这些石兽颈部侧前方纹饰都保持一致，并对梁代早期的有角石兽颈部侧前方纹饰产生了一定的影响，而此后梁代陵墓有角石兽的颈部侧前方纹饰趋于简约，不再使用之前的纹饰对颈部侧前方进行装饰。石兽的颈部侧后方装饰纹样，皆由左右对称的三条阴刻藤纹的浅浮雕纹饰组成，也有的左右对称的线条变为五条，但依旧是由对称的阴刻藤纹的浅浮雕纹饰组成，基本上只在线条数量上有所变化。

3、背部纹饰

南朝陵墓石兽的背部纹饰主要由中央纹饰和侧边纹饰组成，这也是南朝石兽具有特色的纹饰之一。齐宣帝永安陵现存的左右有角石兽的背部侧面纹饰，由八根左右对称从背部中央放射出的蕨纹组成，并覆盖有角石兽的背部侧面。其他一些陵墓中的石兽纹样与其类似，但是左右对称的线条数量不同，有六条、九条、十一条等。石兽背部的侧面，有一部分是没有装饰的，还有一些则由八组左右对称的钩纹组成。在背部中央，有圆形或椭圆形的图案，自石兽头部延伸至尾部。

4、胸部纹饰

石兽胸部纹饰，一种是由左右对称的三条或四条自嘴部下方延伸的云纹组成。例如，南京江宁区现存的梁始兴忠武王萧憺墓、萧景墓，丹阳地区的梁武帝修陵、梁简文帝庄陵、齐明帝兴安陵等，都是左右各三条装饰；而陵口石刻现存的左右两侧石兽的胸部纹饰则由左右对称的四条纹样组成。但是雕刻手法略有不同，一种是浅线刻的云纹，另一种是浮雕样式。相比较而言，浅线刻的更

① 郦英南：《丹阳地区南朝陵墓有角石兽纹饰研究》，南京艺术学院硕士学位论文，2016 年，第 24—25 页。

为简洁古朴，而浮雕样式的则更加生动，整体更有气势。

5、足尾纹饰

石兽的腿部粗壮，四足前后交错，有纵步向前的动势。前足较为简单，一般都刻一条钩纹，同时也会雕刻出爪子的形状，十分生动。后足则会用蕨纹及钩纹共同装饰，区别在于纹饰数量的不同。例如梁文帝建陵现存可考的左右两侧有角石兽后足部纹饰，左右胯部刻三条蕨纹和三条钩纹，足部刻一条蕨纹，共三部分组成。石兽的尾巴很长，拖至地面，像蛇一样弯曲，尾巴没有太多的装饰，仅有一些与背部纹饰延伸部分相连，往下则没有多余的纹样了。

三、南朝石刻的传承与价值

石兽作为南朝时期陵墓石刻的一个类型，是南朝时期墓葬艺术与石刻艺术的集中展现。作为现存不多的南朝时期帝陵的地上遗迹，南朝陵墓有角石兽的纹饰是时代文化的一个缩影，也是南朝时期艺术风格的集中展现。南朝陵墓雕刻在造型上继承了汉代时刻的造型范式，随着时代的推移，不断发展、整合，逐渐演化成了一种生动有力、古典大气，同时拥有古典文人气息的风范。王子云先生认为："南朝陵墓石兽雕刻，在类别和造型上，继承了两汉的传统，并且为唐代更加盛行的陵墓兽类雕刻树立了典范。在形象神态方面，也特别体现了由古朴走向成熟阶段的一种生动、泼辣的时代风格，那种雄强博大、不可一世的气概，也反映了我国古代在兽类雕刻上的卓越成就。"[①]

唐朝初期，社会百废待兴，文化习俗等都需要重新建立，所以通过研究唐朝初期的陵墓石刻，各种雕刻的造型与丧葬礼制的关系，便可窥见其沿袭南北朝时期的风格与模式，这是一个时代变迁的过程。从造型和雕刻技法上来看，足以说明两者之间的传承关系。比如各种南朝石刻雕塑的装饰造型，对后世的雕刻风格有明显的启示作用。南朝石刻在汉代石刻的基础上，装饰语言更加丰富，石兽造型和神态生动形象，可以说是陵墓辟邪石兽装饰语言最为丰富的探索阶段，这一时期十分注重对石兽动态的把握。通过观察不同时期的石兽造型，我们可以看出这种探索在各个时期都在持续推进。石兽造型纵然有模仿的成分在，但是不同时期仍然体现出各个时代不同的审美取向。这种造型与装饰纹样的痕迹，都可以反映出南朝石刻对以后陵墓石刻与石兽造型的影响。陵墓石刻中石兽造型的生动表现，对后世的影响是多方面的，造型的概括性处理、纹饰的装饰美感都可以在后来的石兽造型中看到。虽然表现方式并不相同，但其中的理念是一致的。唐朝石刻的造型表面看与南朝陵墓石刻存在明显的差异，但是这种差异也能体现出在时代发展过程中，人们审美情趣的变化以及石刻艺术在不断发展演变。

任何艺术的传承与演变，都是随着时代变迁与社会变革而发展变化的，没有一种艺术风格与造型是一成不变的。南朝陵墓雕刻对于中国雕塑无疑有着巨大的贡献，其造型风格、装饰元素、审美意趣，都在一定程度上增加了陵墓雕刻的丰富性；同时在继承传统文化的基础上，也与不同的文化进行交流与碰撞，为后世继承和发扬雕刻艺术提供了宝贵的经验。

结语

南朝陵墓石刻是中华民族不可多得的优秀文化遗产，在中国雕塑史上有着无可替代的重要地位。南朝陵墓石兽不同于秦汉石兽那种质朴雄伟、具象写真的风格，而是将南方那种清新独到的地域风貌淋漓尽致地呈现在我们的面前，令后人为之动容的同时，也让人有机会通过研究去了解那段辉煌时代的历史面貌。[②]

然而在到达丹阳地区以及南京江宁区南朝陵墓石刻所在地时，我们发现这里的石刻基本都没有得到任何保护，且大多数都是屹立于乡间田野之中。经过了一千五百年的风吹日晒和人为破坏，如今这些石刻已经被风蚀得十分严重。随着工业化的不断发展，南朝石刻更面临着空气污染、酸雨侵蚀的破坏。现如今，大部分石刻都已经残缺不全，石刻保护刻不容缓，南朝石刻的所在地分散，且都露天，但这些并不能成为我们放弃对其进行保护的理由。我们应将石刻及其周边地方统一纳入保护的范围，设置相应的核心保护带和缓冲地带，对每个区域相对集中的石刻进行统一管理，建造相应的展示这些石刻的园区展馆；并与南京的历史背景相结合，在保护文物的同时更好地配合城市的旅游规划，发挥南朝石刻作为历史文化遗产的效用，使其艺术性和文化内涵得以充分展示。

① 王子云：《中国雕塑艺术史》，北京：人民美术出版社，1988 年，第 181 页。
② 王荣：《南朝陵墓石兽》，中国美术学院硕士学位论文，2017 年。

南朝石刻造型理念及其对当代设计的启示

文：李娇娇

南朝作为中国历史上文化风貌建设尤为显著的时期，其艺术、史学、文学都得到了空前的发展。本文通过对南朝陵墓石刻的造型风格、形式语言、时代特征进行比较分析，探讨在艺术传承中对传统造型艺术的延伸与继承对现代设计的启示。

一、南朝石刻的历史逻辑与民俗观念

石雕的历史可以追溯到人类艺术的起源时代。新石器时代创造了传统石雕、实用器，以古人对形式美的表达而形成了由几何造型、纹样造型、体块造型构成的装饰艺术语言体系。发展到魏晋南北朝时期，与佛学思潮和儒学思想相交融，宗教性质的雕塑已经勾画出时代特色与文化的发展轨迹。南朝时期，生死轮回的观念十分盛行。在南朝陵墓的石兽中，属于“奇异神兽”的麒麟、辟邪、天禄不仅体现了其在石刻造像上的艺术，更是传达了哲学、美学、宗教、人文的时代气息。而在早期对麒麟、辟邪的研究中，有帝陵麒麟、王陵辟邪说，一角麒麟、二角天禄、无角辟邪说，这些是依据不同的侧重点与考证角度的见仁见智。而东汉之后，受南朝社会风俗、丧葬礼俗影响，石兽的表现形式和兽面纹样与东汉有所不同。

东汉雕刻文化的发展为南朝陵墓石刻提供了历史积淀。林树中先生在《南朝陵墓雕刻》一书中认为，南朝陵墓石刻的渊源最早可上溯到新石器时代的陶羊，主要渊源为春秋战国时代青铜器中的有翼神兽，直接来源为汉代的陵墓石刻。林先生进一步提出应明确“源”与“流”之间的关系，这种以历史的观念从事美术史研究的主导思想，可以说是我们研究南朝陵墓雕刻的基本原则。[①]陵墓神道两侧列置石兽可以追溯到汉朝。《汉书·霍光传》记载：“太夫人显改光时所自造茔制而侈大之。起三出阙，筑神道，北邻昭灵，南出承恩。”[②]可见西汉时期就已经出现修建陵墓神道，企图与神灵沟通、寻找永恒归宿的民俗信仰。南朝陵墓石兽是以麒麟、辟邪、天禄为名的以神兽为代表的石刻，多作昂首迈步状，体态雄峻高姿。从自然地域与历史阶级的角度出发，各帝陵石刻所呈现石兽的不同造型体态、表情神态，一方面展现了墓主人社会地位高低不同所呈现的物质属性差别；另一方面石刻自身所展现的艺术水准也体现了中华民族内在精神气质所形塑的物质文化面貌。

二、南朝石刻造型的本土艺术语言表达

据已有文献记载，南朝帝陵前石兽独角的称为麒麟，双角的称天禄，而王侯墓前石兽统称为辟邪，都以神兽的名称象征吉祥和福寿。而从现存的南朝陵墓石刻来看，其石兽均是成对的，整体造型威严凝重、体态灵动。从形式上来说，成对的石兽、石柱、石碑表现了空间布局上的对称、和谐之美。从造型上来说，以具有较大体量感的巨石为材料的雕塑形式给人以震撼、充满力量之感。石兽神情夸张，张口吐舌，双目圆睁，姿态雄壮，昂首扩胸，一肢前迈。

现有南朝陵墓遗存分布于南京、丹阳等处。宋武帝刘裕初宁陵石麒麟为最早的南朝陵墓石刻，就现存的两件石兽特征来看，一处头部已断裂缺残，一处尾部缺失，胸前有类似弹孔的孔洞。对比河南洛阳孙旗屯出土的东汉时期石翼兽，南朝石刻延续了汉代自然朴实的艺术风格。刘宋时石兽体量较小，脖颈短小，纹饰简单古朴。齐时的石兽较刘宋时体量显著增大，体态呈“S”形，也更加圆润、丰满。在雕刻技法上，由写实、粗糙的风格转向注重意象的表达。开始在石兽羽翼、臀部出现层层叠压的卷云纹、深浅相刻的浮雕弧线，可以看出其受到早期青铜器鸟纹的影响，形式手法趋于写实。梁帝王陵墓石刻由皇帝建陵发展到王侯陵墓，也出现麒麟、辟邪之别说，有角、无角之区别。如萧景墓和萧绩墓前的石辟邪，从整体上看头部较大、脖颈较

① 林树中：《南朝陵墓雕刻》，北京：人民美术出版社，1984 年，第 53—56 页。
② ［东汉］班固著，谢秉洪注评：《汉书》，南京：凤凰出版社，2011 年，第 259 页。

短，胸部雕有云纹，羽翼根部有凸起的鳞纹，口和眼都突出张大，形态表现上更强调动感。“南梁时期，狮子已经完全取代虎，成为墓葬石兽的型的主要参照。萧梁时期，墓葬石刻的功用性特征已经基本消失，已成为墓主人思想信仰及艺术审美的集中表现物。”[①]“早在上世纪30年代，朱希祖先生认为石马冲石兽为陈武帝万安陵，狮子冲石兽为陈文帝永宁陵。”[②]陈文帝永宁陵石麒麟形体小巧，纹饰造型精致繁复，足部、尾部刻画得“张牙舞爪”，极富生动性。

罗宗真先生认为：“陵园的规模、神道石刻的种类大小，还是封土的高低以及玄宫建筑结构等都有比较严格的等级制度，明显反映出墓主生前身份的等级差别。”[③]这也说明石刻的布置排列与礼制等级是密不可分的。南朝陵墓形制一般由石碑、石柱、石兽成对组成。如梁时萧景墓神道石刻，是南朝陵墓石柱保存较为完整的一件。柱头覆有莲纹圆盖，上刻衔珠双螭，下作方形基座，基座和柱额分别刻有兽纹和绳辫纹、交龙纹。其纹饰作为文化符号象征表现在雕塑艺术创造上，南朝石刻造型艺术特征充分表现了当时的审美意蕴和艺术精神，渗透着中华民族传统文化的内涵。

梁思成在《佛像的历史》中强调了南朝石兽是未受佛教造像影响的形象，“其谨严之状，较后代者尤甚，然在此谨严之中，乃漏出一种刚强极大之力，其弯曲之腰，短捷之翼，长美之须，皆足以表之。中国雕刻遗物中，鲜有能与此赑屃比刚斗劲者”。[④]南朝石刻造型风格的形成，不仅受当时社会绘画、书法等因素的影响，更受当时宗教、礼教、民俗、地域环境、社会发展的影响。魏晋时期玄学兴起，一定程度上影响了人们的心态与思想，而更多地影响了当时美学的发展。南朝石刻风格的形成又与绘画、文学等因素息息相关。东晋顾恺之的《论画》中将“传神”和“以形写神”作为艺术表现的新方向，南朝宋时陆探微的“秀骨清像”绘画风格也是直接影响南朝石刻视觉语言的重要因素。南朝石刻中石兽造型曲线及装饰线条的灵动、流畅，犹如陆探微“一笔画”中众线之上、气脉相连的气势。石兽足前迈，昂首扩胸，在形式与比例上也达到骨点与肉躯的完美结合，狮子形态步伐、表情神态正是“骨法用笔”的再现。“线的艺术是中国艺术最主要的形式，它不仅是造型的手段，也成了中国艺术灵动飞舞的象征。”[⑤]南朝石兽整体线条起伏连绵，无论是绘画中的笔墨动势，还是在雕塑上的线刻形制，不仅反映了其形式上的完美，更体现了艺术构思与意境思维中“气”的美学架构。

“构筑中国文化内核的心理结构和审美情态的根基，是由认识方法与思维定式起主导作用的中国传统观念和思想体系。”[⑥]中国传统雕塑在立体语言与平面语言的构筑中作为物质文化的传播媒介，在历史与现实交错的空间下，这种具有艺术性、审美性与表现性的产物，应是当时社会情绪的表现、语言的表达、符号的传递，或者是一种民族的记忆。对于历史来说，雕塑所塑造出的视觉主题与形式肌理更多的是对历史文化与思想语言的表达。

三、南朝石刻造型的时代特征

纵观中国雕塑造型艺术的发展，从史前社会粗狂夸张的彩陶泥塑到商周狞厉神秘、纹样奇特的青铜器，封建初始纪念碑式的雕刻风格过渡到封建鼎盛时浪漫精致的写实风格。雕塑造型语言在历史发展中不断创造出纯粹的本体语言与多元的结构形式。现代雕塑的“表现性”是风格与材料的再思考。《考工记》中说“天有时，地有气，材有美，工有巧”。[⑦]南朝石刻材质的选择，在自然本土、艺术性能相兼容下，雕刻造型手法与石材本身所渗透的真实美造就了其粗犷而富有气势、细丽而浑厚的特征，这也是传统艺术与自然材质结合的和谐之美。以物代“物”，物质材料体现的是对美好寓意的象征和精神文化的传递。当代科技、经济的迅速发展，现代雕塑文化观念也在逐渐与传统拉开距离。20世纪“形式主义美学”的兴起，对于艺术表达的形态、语言、意象有了新的定义。现代形态下南朝陵墓石刻造像的表现手法、空间形态、功能作用，除了对客观对象的表达外，主观意志的联觉是当代设计传达的精神营建。南京现当代公共景观辟邪建筑、建筑小品装饰纹样、辟邪文创产品，其在表现形式上愈加多样，在传统文化和现代设计的时空穿插中前行。将南朝石刻置于当代文化语境之中，其形式本身已经摆脱了时代所赋予的具有王权象征的陵墓装饰功能。而在当今“视觉文化形态”与“个性”凸显的语

① 王荣：《南朝陵墓石兽》，中国美术学院硕士学位论文，2017年。
② 朱希祖：《六朝陵墓调查报告书》，杨晓春编：《朱希祖六朝历史考古论集》，南京：南京大学出版社，2009年，第79—82页。
③ 罗宗真、王志高：《六朝文物》，南京：南京出版社，2004，第91页。
④ 梁思成：《佛像的历史》，北京：中国青年出版社，2010年，第51页。
⑤ 朱存明：《汉画像之美——汉画像与中国传统审美观念研究》，北京：商务印书馆，2011年，第43页。
⑥ 赵萌：《中国雕塑艺术》，北京：人民美术出版社，2013年，第12页。
⑦ 杨天宇：《周礼译注》，上海：上海古籍出版社，2004年，第600页。

境中，南朝石刻正是通过原始性寻找文化的共通性。

传统雕塑写实性、结构性的单一状态，新的艺术创新形态与自觉观念的产生，打破了过去中国特殊国情所赋予雕塑的政治、社会内涵。辟邪石兽由秀逸灵动的虎形向雄浑劲健的狮形演变。梁思成笔下的宋文帝陵石兽造型具有庞大体积，体态灵动，双翼充满动感，胸腹颈线条圆润，狮子的传神之处呈现得淋漓尽致。在装饰艺术中，腿部的旋涡纹、羽翼胸前的云纹作为传统符号，在表现形式上是对历史的继承与延续。现代设计造型对传统纹样的平面化转变是在突破原有造型理念与形式法则上的“形”的衍生。图案纹样蕴含的深层文化象征意义，由于审美意趣与时代观念的革新，装饰雕塑以不同艺术形态存在，相比于传统雕塑作为权力的象征，现代雕塑与大众的互动更是艺术与生活灵活开放的体现。

我国著名的工艺美术史论家张道一认为：“随着科学的发展，新的技术往往给艺术提供更富表现力的条件。同时科学技术的成就不但用于物质生产，也同样能促成艺术之花的绽放和多样。”①现代科学技术的发展也在拓展艺术的视角和表现形式。南朝石刻整体造型的独特性，形体空间结构与雕刻的纹饰之间的巧妙结合，都体现出当时工匠雕刻手法的精湛。现代计算机图形技术、数字媒体技术、交互技术带来的虚拟仿真技术，高度还原了传统图像。科技与艺术的结合使抽象科学思维与形象艺术思维介入到传统雕塑艺术中，丰富了传统雕塑的创作手段和材料，这也是雕塑艺术可持续发展的创新选择。

四、南朝石刻造型对当代设计的启示

在传统美学中，中国艺术强调“形”的刻画，“意”的生成，“神”的交会。中国古代传统造物观，在与传统思维的融合中，创造出南朝石刻本身的造型风格及传统“基因”中师法自然、天人合一、道器合一的思想内涵。在当代社会背景下，发展以“创新”“创意”为主导趋向。在当代艺术形式多元的前提下，文化内涵的充实和人文导向的提升是传统文化现代化不可忽视的因素。传统雕塑作为艺术形态的一种，无论是材料的选取、制作的手段、造型的特征，最终都归结于对人类精神生活的概括和提炼。南朝石刻的材料（石头的本元特性）、图形（动物纹样的吉祥寓意）、造型（神鸟神兽的天人结合）等元素都为现代设计提供了象征性、表意性、抽象性的符号语言。

南朝石刻继承了汉代石刻造像质朴、雄健的特点，过渡到唐代，陵墓石刻强调庄严和稳定的特征。石刻所蕴含的宏大气势不仅体现了动物崇拜、道家人神交融的理念，也体现了历代帝王的权势观念。在石刻造型与装饰语言特征的形成过程中，无论是点、线、面所构成的结构、形体的表现，还是肌理、纹样的形式创新，南朝石刻都起到了重要的示范作用，南朝是艺术语言形式和政治文化典范的重要探索阶段。

在现代设计的语境中，传统艺术形态逐渐演变成承载历史文化语言的平面化图像。传统艺术符号随着社会的发展、审美需求的转变，在现代多元的社会诉求中又被赋予了更为深刻的意义。中国传统文化在情感追溯和思想意识上所表现的精神内核是时代所不能超脱的。如古人戴玉佩、纹饰器物等，运用“形生意象”的精神内涵，借助物体、图形来传达吉祥、安康的寓意。在现代设计中，石刻以平面化的图形作为南京市城市标志出现在城市交通地铁卡和南京市徽中，这是在传统形式中简化提炼，以使其符合当代审美与需求，更大众化地传递中国传统文化的独特性和民族性。

结语

在传统与现代的对话中，传统雕塑作为媒介起到了至关重要的作用，而现代雕塑在重回传统的含义上意味着要回归本真。南朝石刻以其独特的艺术魅力展现出当时社会的审美情趣和历史民俗。而在当代设计中，我们不仅要保留传统雕塑的含义，还要对传统与现代的连接用笔以各种形式进行传达。在积极寻找新途径的过程中，不仅要对笔墨进行纯粹转换，更要在题材概念的转变中感受到精神文化的独特所在。

① 张道一：《造物的艺术论》，福州：福建美术出版社，1989 年，第 178—179 页。

2019年度

國家藝術基金

CHINA NATIONAL ARTS FUND

南朝石刻的临摹写生与传统
雕塑的保护人才培养文献集

学 员 作 品

南朝石兽　曹　鹏　树脂　40cm×40cm×25cm

曹　鹏　Cao Peng

学员心得

南京大学主办的“南朝石刻的临摹写生与传统雕塑的保护人才培养”项目是一个内容上横跨古今的学习项目，纵跨 7、8 两个月，连续 40 天的学习使我受益颇深。南朝的艺术语言让我领略了先贤的智慧及其卓越的技艺，学到了雕塑中传统的点、线、面构成方式。这些对我当前的雕塑创作有很大的启发。我在整个学习过程中从传统出发，不断进行古今艺术语言整合、构图的尝试。在导师组的悉心指导下，我共创作雕塑作品三件，其中圆雕两件，浮雕一件。

守望 曹 鹏 树脂 40cm×40cm×25cm

雄风 陈 战 树脂 60cm×35cm×55cm

陈 战 Chen Zhan

学员心得

在这40天的集中学习中，我的精神一直绷得很紧，丝毫不敢松懈，对自己的作品也是花费了大量心血与精力。通过这次学习，我有很多收获和感悟，总结有以下几点：

1. 这次学习使我思想上、精神上受到了一次彻底的洗礼。这次学习让我真正见识到，也了解到具有中国浓重人文色彩的写意雕塑的魅力。

2. 我深刻认识到中国传统雕塑中的精华需要我们不断去学习与挖掘。我们不仅要增强文化自信，也要把发扬光大民族文化当成己任。

3. 我在创作上还不太成熟。首先，创作思维还不够活跃，缺少文化内涵，以后需要增加自己的文化储备；其次，创作意图与创作语言还没能达到和谐统一；最后，对作品的整体把控能力需要加强，对构图、造型、手法、形式感等的把控能力都需要进一步提高。

梦蝶 陈战 树脂 80cm×50cm×70cm

刑天舞干戚 陈 战 树脂 80cm×50cm×70cm

南朝石兽　付磊磊　树脂　50cm×30cm×50cm

付磊磊　Fu Leilei

学员心得

首先，感谢国家艺术基金为青年艺术工作者提供了机会，感谢南京大学提供了这么好的学习平台，感谢导师组的老师们一直陪着我们，传授知识技能。

其次，通过这次学习，我对南朝石刻有了进一步的了解。从实地考察到理论学习，从自身感悟到临摹创作，40 天紧锣密鼓的培训让我对传统文化有了深刻的认识，也拓展了我对雕塑创作的思路。

最后，在这次学习过程中学员们非常团结。来自全国各地的朋友们在这有限的时间内有讨论不完的专业问题，这加深了我们的情感交流和学术交流。特别是国家艺术基金和南京大学提供的平台，拓宽了我们的视野，丰富了我们的专业知识，感谢！

共生 付磊磊 树脂 65cm×25cm×35cm

修安陵石刻 侯晓飞 树脂 46cm×50cm×20cm

侯晓飞 Hou Xiaofei

学员心得

通过在南京实地考察南朝陵墓石刻，我对南朝时期的神兽雕刻有了更深的了解，再结合教科书中的理论知识，我的印象更加深刻。南朝石刻在继承了汉石刻风格的基础上，融入了本民族和外来艺术风格，雕刻手法典雅细腻，造型灵动矫健；在写实的基础上结合浪漫主义艺术手法，将狮虎神兽的凶猛、刚劲、威武的特征融入作品中，有摄人心魄之感。我从中也受到了启发，一系列想法逐渐浮现在脑海中，这次培训给我今后的创作提供了养分，指明了方向。

金陵望朝 江安平 石膏 45cm×50cm×20cm

江安平 Jiang Anping

学员心得

通过此次课程，我了解了来自各个院校老师与同学的雕塑作品并学习了他们的创作经验，对照自身的雕塑创作，我受到了较大的启发。本次课程的临摹与创作也让我充分认识到，在对待中国传统艺术作品时应该具备的专业态度，以及对于传统艺术作品应有的认识。

金陵遗风　江安平　石膏　45cm×50cm×20cm

金陵韵象 江安平 石膏 45cm×50cm×20cm

南朝流韵　焦艳军　树脂　45cm×50cm×22cm

焦艳军　Jiao Yanjun

学员心得

通过这次学习，我对南朝石刻的研究现状、传承保护有了新的理解。在考古学视角下，我从历史时代背景、社会发展面貌、思想文化成就等诸多方面，了解了生动的六朝社会和光辉的南京故事，并在考察采风环节收集了第一手资料；通过近距离地观摩陵墓前的天禄、辟邪等神兽，我认识到南朝石刻继承秦汉神兽的特征而又有巧妙变化，形成了雄浑矫健、古拙挺拔的夸张诡异抽象的风格。这次临摹写生让我对南朝石刻的研究又深入了一步。南朝石刻大多数为室外雕塑，风化严重，这也应该引起我们对雕塑修复和保护的关注。而 3D 扫描打印等技术，为传统雕塑的传承保护提供了新思路。

驻望千年　亢亮　树脂　41cm×60cm×18cm

亢　亮　Kang Liang

学员心得

四十天的课程，吴为山、李鹤等一大批资深专家的精彩讲座与示范，项目组老师认真负责的工作态度，学员们朝夕相处共同创作，共同融汇成一段令人难忘的经历。通过南京之行，我了解了南朝石刻的相关知识，并结合相关知识完成了三件以南朝石刻为题材的作品。不仅如此，在这短短的四十天里，老师、同学之间建立起了真挚、深厚的友谊，临别之际同学们依依不舍，舍不得快乐的时光，更舍不得相见恨晚的同学们。感谢国家艺术基金，感谢南京大学雕塑艺术研究所提供这么好的机会，感谢项目组的老师们为我们提供这么好的学习创作条件。

戏兽系列之一　亢亮　树脂　65cm × 20cm × 45cm

戏兽系列之二　亢亮　树脂　50cm × 70cm × 25cm

南朝石刻　李凤志　树脂　50cm × 20cm × 40cm

李凤志　Li Fengzhi

学员心得

南朝帝陵石刻造型雄浑，气韵悠远，其营造法式上承魏晋，下启隋唐，为中国古代雕塑艺术史一大高峰。赴丹阳、南京两地的田野考察，让我得以整体了解帝陵石刻的面貌。石刻的本体语言和视觉生态所传达的感知力是其他媒介所不能及的，这将对我日后的创作产生深远影响。本次培训班，延请了雕塑领域的名家大师，大师与学员直接对话，打开了学员进行学术研究的全新视角，让学员们在思想的碰撞中迸发创意的火花。

守　李凤志　树脂　22cm×22cm×45cm

南朝石刻 李 鹏 树脂 50cm × 30cm × 25cm

李 鹏 Li Peng

学员心得

暑期在南京大学参加“南朝石刻的临摹写生与传统雕塑的保护人才培养”项目，我收获十分丰富，不仅得到了老师的指导，获得了与诸位学员交流的机会，更是在艺术理论研究方面得到了提升。在实践方面，我们对南京地区的南朝石刻进行了深入的研究和学习，感受到了南朝石刻的雄浑矫健、古拙挺拔。通过实地考察，我们收集了第一手资料。这次学习对我的雕塑创作有巨大的启发作用。可以说，我在各方面都得到了提升。

镜 李鹏 树脂 50cm×45cm×25cm

梦殇　李　鹏　树脂　65cm × 30cm × 25cm

南朝遗珍 李 岩 树脂 62cm×39cm×21cm

李 岩 Li Yan

学员心得

转眼间四十天的集中学习马上就要结束，在这一个多月的学习与创作中，我对南朝陵墓石刻有了更多的理解与认识。首先，南朝陵墓石刻气韵生动，苍劲有力，浑厚纯真，庄严威武，形成了独特的雕刻艺术风格。其次，本次的临摹学习也让我深刻体会到了古代石刻艺术的魅力，尤其是石刻“S”形造型的夸张表现让我印象深刻。最后，导师们的理论教学与泥塑示范也充分展示了古代石刻艺术在当下的发展方向，让我有了新的创作方向与创作目标。

南朝文韵 李 岩 树脂 50cm×20cm×40cm

辟邪 刘国英 树脂 55cm × 60cm × 30cm

刘国英 Liu Guoying

学员心得

经过这次“南朝石刻的临摹写生与传统雕塑的保护人才培养”高级研修班的学习，我对南朝石刻有了新的了解和认识。我们先后赴丹阳，南京栖霞、仙林、江宁等地，针对15处石刻遗址进行考察学习，收集了第一手资料。近距离地观摩学习陵墓前的天禄、辟邪等神兽，直观感受其所体现出的诡异抽象风格（这种艺术表现风格是对原始图腾、楚汉浪漫风格的继承，具有超越事物表象、连接天地的咫尺万里之势），对我们创作雕塑作品有很大的启发。

神兽 刘国英 石膏 60cm × 43cm × 17cm

六朝神韵 罗伟安 树脂 47cm×24cm×60cm

罗伟安 Luo Weian

学员心得

本次研修班的参观考察、集中授课学习，不但开阔了我们的视野，更是激发了我们的创作激情。虽然压力很大，但我收获很多。导师们的高超技艺也在无形中督促我，让我认识到学无止境。这段时间下来，我的学习热情大增。这次学到的知识我还要在以后慢慢消化，要在今后的创作中慢慢用心体会。

惊蛰 罗伟安 杨祥民 树脂 40cm×30cm×50cm

吴带当风 罗伟安 树脂 70cm×20cm×60cm

辟邪　罗宗勇　石膏　57cm×55cm×26cm

罗宗勇　Luo Zongyong

学员心得

非常荣幸能够参加南京大学雕塑艺术研究所主办的“南朝石刻的临摹写生与传统雕塑的保护人才培养”项目高研班的学习。此次高研班教学形式多样、课程内容丰富，主要内容包括对六朝石刻进行实地考察研究、现代 3D 扫描等技术在传统石刻保护中的运用、六朝石刻的文创产品开发、六朝石刻元素在实践创作中的运用等。 与名师对话，与同伴交流，使我受益匪浅，既开阔了我的视野，又提高了我的专业素质。

流韵 罗宗勇 树脂 70cm×60cm×20cm

辟邪印象　山　峰　树脂　49cm×48cm×28cm

山　峰　Shan Feng

学员心得

2019年度国家艺术基金艺术人才培养项目为学员开设的培训课程形式多样，个人认为可以用“听”“游”“观”“做”四个字来概括。听：邀请各界学者专家，系统地为我们讲解历史文化对雕塑发展的影响。游：考察学习南朝帝王陵和王侯陵石刻艺术，以及在南京各大博物馆学习。观：邀请多位国内著名雕塑家多次为我们进行实践示范与创作指导。做：实践创作循序渐进，由临摹到自由创作。

无尽 山峰 石膏 25cm×25cm×26cm

南朝石兽　申旭栋　树脂　40cm×25cm×40cm

申旭栋　Shen Xudong

学员心得

非常荣幸能够成为“南朝石刻的临摹写生与传统雕塑的保护人才培养”高研班学员。经过近三个月的学习，我收获很大，对于南朝石刻的艺术造型、历史背景、风格演变等都有了深入了解。在学习过程中，我创作了三件雕塑作品。

第一件作品是临摹丹阳南朝陵墓前的（齐景帝萧道生修安陵石刻）天禄。通过临摹，我主要有三个方面的收获：一是对于神兽题材动态的研究有了更深的感触；二是对于石刻具体结构的概括表现有了深刻认识；三是对于石刻表面装饰的处理有了一定了解。第二件作品属于临摹基础上的有限创作。第三件作品的创作度更大一些，作品形体经过了概括提炼，包含各种弧线（弧线取自南朝石刻的经典造型），还参考了南朝画像砖的表现手法，借物抒情，反映出个人对快乐与自由的期许。

凝 申旭栋 树脂 20cm×15cm×105cm

梦　申旭栋　树脂　20cm×70cm×40cm

辟邪临摹　树德力　树脂　57cm × 22cm × 55cm

树德力　Shu Deli

学员心得

非常荣幸能够参加此次由南京大学雕塑艺术研究所主办的“南朝石刻的临摹写生与传统雕塑的保护人才培养”研修班。在为期43天的培训中，相关专家通过文献、考古研究成果等，给我们梳理了六朝的历史文化以及相关的艺术背景。还有一些国内优秀的雕塑家向我们分享了他们的创作经验，并且亲自示范。主办方还组织我们进行田野考察，到博物馆、艺术馆参观，拓宽了我们的视野。这些为我们接下来研究南朝石刻及进行相关的艺术创作提供了参考和借鉴。此次学习，我收获颇丰，学到的知识短时间内无法完全消化吸收，只有在今后的学习和艺术创作中慢慢去体会、感悟。

前行 树德力 树脂 60cm×14cm×20cm

辟邪 孙月锋 树脂 50cm × 55cm × 30cm

孙月锋 Sun Yuefeng

学员心得

通过此次学习，我对我国南朝石刻有了系统的认识，特别是通过实地考察，我获得了第一手资料。通过临摹作品，我对石刻的认识更加深刻，尤其能够理解那一时期的工匠的造物理念和他们的智慧。在这次课程中，各位老师的教导使我受益匪浅，既包含理论层面又包含实践层面的。每位老师都将自己的拿手本领展示出来，特别是几位老师的课堂示范，解决了我的很多问题，也纠正了我的一些错误认识，这对我来说是非常珍贵的。

龟兽图 孙月锋 树脂 55cm×50cm×16cm

石语　谭　维　树脂　50cm×30cm×35cm

谭　维　Tan Wei

学员心得

本次研修班开阔了我的视野，提升了我的修养，提高了我的水平。本次培训课程紧凑，课程内容覆盖历史考古、雕塑理论、艺术评论、课题研究方法、3D 技术应用、艺术考察、实践创作训练等方面。研修班的师资力量也相当雄厚，各位老师教学水平一流。短短一个半月的培训，迅速拓宽了我的视野，极大地提升了我对雕塑艺术的认知水平。

推开千年 谭 维 杨祥民 树脂 41cm×37cm×15cm

千年守护 谭 维 杨祥民 树脂 20cm×20cm×40cm

守望　汤海英　树脂　60cm×50cm×40cm

汤海英　Tang Haiying

学员心得

通过参加2019年度艺术人才培养项目“南朝石刻的临摹写生与传统雕塑的保护人才培养”，我收获很多。在实践方面，我们对分布于南京地区的南朝石刻进行了考察学习，我们感受到了南朝石刻雄浑矫健、古拙挺拔的风格。通过实地考察学习，我们收集了第一手资料，近距离观摩陵墓前的天禄、辟邪等神兽，对我的创作启发很大。我临摹了一件神兽，并在此基础上创作了两件作品。在理论方面，我们分别在南京、苏州、北京等地，接受众多专家的授课指导，受益匪浅。可以说，通过学习，我在各方面都得到了提升。

萌兽 汤海英 树脂 60cm×35cm×40cm

合城集韵　汤海英　树脂　80cm × 50cm × 20cm

陵口石刻 王乐家 树脂 30cm × 15cm × 27cm

王乐家 Wang Lejia

学员心得

在本次人才培养项目 40 天的培训中，我们在众多一流专家的指导下埋头创作，并先后奔赴丹阳、苏州以及北京进行考察和交流学习。在丹阳，我感受到了流传下来的石刻艺术需要我们去研究学习。苏州设计小镇的特色园区让我们流连忘返。廖军教授题为“要传承更要创新——对新时代工艺美术发展的几点思考”的精彩讲座为我们带来很大启发。通过在蒋喜玉雕工作室和钟锦德木雕工作室的参观学习，我们学到了通过传统器物表达现代审美意境的艺术手法，领略了苏州艺术品的精湛技艺，这些点燃了我们的创作热情。最后一站我们来到了北京，在中国美术的最高殿堂——中国美术馆中，我们欣赏了正在陈列展出的精品雕塑，吴为山馆长深入浅出的讲解让我们深受启发。

逐　王乐家　树脂　40cm×37cm×17cm

南朝印象——牛马　王乐家　树脂　15cm×13cm×8cm

御风而行　王明妍　树脂　40cm×30cm×50cm

王明妍　Wang Mingyan

学员心得

非常感谢南京大学雕塑艺术研究所举办“南朝石刻的临摹写生与传统雕塑的保护人才培养”高级研修班，感谢组织者，感谢所有传道授业的先生和共同进步的同学。本次学习班课程从田野调查开始，从亲身体会南朝石刻的魅力出发，并辅以各位老师在考古、佛教、历史、文物鉴赏等方面的理论讲解，又向雕塑造型语言、雕塑创作技法进行横向延展，使我们学员在各方面都得到了极大的启发。我主要从事雕塑造型类玩具创作，在创作过程中所有老师同学都给了我建议和帮助，使我的创作水平有了很大的提高。希望日后可以把学到的东西用在创作和教学当中。

六朝猛兽　王明妍　树脂　50cm×30cm×35cm

天禄 文东东 树脂 52cm×54cm×24cm

文东东 Wen Dongdong

学员心得

通过这次学习，我对南朝石刻有了新的了解和认识。我们先后赴各地对 15 处石刻遗址进行考察学习，收集了第一手资料。近距离地观摩陵墓前的天禄、辟邪等神兽，直观感受其所体现出的诡异抽象风格以及帝陵程式化的夸张风格等，对我的雕塑创作有很大启发作用。

梦·形　文东东　树脂　30cm×32cm×36cm

南朝石兽 谢 渊 树脂 46cm×44cm×22cm

谢 渊 Xie Yuan

学员心得

在南朝石刻的研究方面，我认为，记录石刻的现有状态即是保护，而传承六朝石刻艺术即是发展，对六朝石刻的传承与发展任重而道远。我们本次研修班的集中创作已经告一段落，我的三件作品也已基本完成。在未来，我会把这次研修班的所得所感更多地运用在创作中，运用在教学上。感谢这次研修班的主办方、组织方，正是你们全体成员的辛勤付出，我们才能如此忘我地全身心投入到对六朝石刻艺术的学习与研究中。

六朝遗梦 谢渊 树脂 23cm×49cm×2.5cm

竹林七贤 谢渊 树脂 52cm×53cm×18cm

南朝石兽　徐源松　树脂　54cm × 55cm × 23cm

徐源松　Xu Yuansong

学员心得

在这四十天的学习生活中，我感受到了不同风格的名师风采，他们深刻、精准、幽默的语言让我不时有豁然开朗之感。这些专家以鲜活的案例和丰富的知识，给了我具体的建议和指导，使我对雕塑有了新的认识和看法。总之，通过这次学习，我提高了对于南朝石刻的认识，理清了研究思路，找到了自身的不足之处。非常感谢国家艺术基金和项目组给了我这次学习的机会。

南朝遗韵 徐源松 树脂 15cm × 25cm × 100cm

齐梁余韵　张超越　树脂　45cm × 55cm × 30cm

张超越　Zhang Chaoyue

学员心得

距离身处田野观摩南朝石刻的日子已经过去一月有余，可那些天禄、麒麟和辟邪风神潇洒、不滞于物的形象总是萦绕在我眼前，挥之不能去。每当我想到南朝石刻，便有一团火从胸中燃起。现代交通工具使我们在十几个小时内便走访了二十余处南朝石刻，完成了时空的穿越，回到了宗白华先生所说的“精神上极自由、极解放，最富于智慧、最浓于热情的一个时代”——那是中国艺术的黄金时代。

“谡谡如松下风”“飘若游云、矫若惊龙”“濯濯如春月柳”“轩轩如朝霞举”和“颓唐如玉山之将崩”等六朝人物的词句不由得浮现于脑海，共通的文脉似乎更能够解释南朝陵墓雕刻艺术的内涵。想到此处，我的整个灵魂又回到了一千五百年前那个遥远的艺术自觉的年代。

度化　张超越　树脂　45cm × 50cm × 21cm

守望 张建鹏 树脂 44cm×50cm×20cm

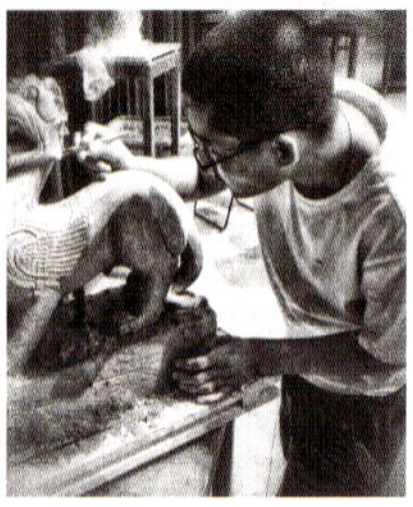

张建鹏 Zhang Jianpeng

学员心得

近年来本人一直致力于传统彩塑的学习和研究，本次学习更进一步加深了我对传统雕塑语言和技法的理解。线性化造型语言的表达以及国画理论和技法在雕塑创作中的运用都让人印象深刻。我学到了泥性肌理效果在传统雕塑中的运用，可以让雕塑变得更加有趣、生动，尤其体会到了光影效果对于雕塑作品的重要性，学到了打破常规（结构）的塑造手法。总之，本次学习让我获益匪浅。

河神 张建鹏 树脂 25cm × 35cm × 75cm

南朝石兽 张 楠 树脂 56cm × 55cm × 22cm

张 楠 Zhang Nan

学员心得

参加“南朝石刻的临摹写生与传统雕塑的保护人才培养”项目，让我收获颇丰。对我启发最大的是，通过现场考察我深刻理解了南朝石刻的造型与其背后的历史文脉之间的关系。正是在南朝这个特定的历史时期，在以南京为中心的文化的碰撞中成就了南朝石刻艺术的辉煌。因此，我们在临摹中也不能只是单纯模仿造型，机械照搬纹饰，而是要认真感受形体背后的文化内涵和历史温度。在这次学习中，我还学习了传统雕塑保护中运用 3D 扫描技术打印的方法。通过创作实践和老师们的有效指导，我深刻体会到艺术佳作一定是时代的产物，优秀传统文化和生活是艺术创作的源泉。

奋进 张 楠 树脂 65cm × 30cm × 35cm

获麟 张 楠 树脂 50cm×50cm×35cm

辟邪 张志林 树脂 53cm×63cm×28cm

张志林 Zhang Zhilin

学员心得

能够参加“南朝石刻的临摹写生与传统雕塑的保护人才培养”高研班的学习，我感到无比荣幸。通过和同学们一起学习，一起生活和创作，我对雕塑艺术有了新的认识与理解，我的眼界和视野也更加开阔了。更可贵的是，我结识了来自全国各地的可爱的学员们，与他们建立了深厚的友谊，我的艺术目标和理想也更加明确了。

感谢国家艺术基金，感谢尚莲霞老师，感谢导师组。

千年的守望 张志林 树脂 65cm × 50cm × 20cm

风　赵忠勤　树脂　45cm×20cm×65cm

赵忠勤　Zhao Zhongqin

学员心得

非常感谢国家艺术基金“南朝石刻的临摹写生与传统雕塑的保护人才培养”项目组的各位导师，给了我这次学习机会。在学习过程中，我对于南朝文化有了进一步的了解。在各位导师的课堂上，我学到了许多知识，终身受益。在临摹创作的过程中，我和导师探讨方案，与各位学员进行进一步的交流沟通，这让我的雕塑手法与创作方式都有了质的提升。学习时间虽然短暂，却让我收获了友情与知识，很荣幸能结识全国各地的老师与朋友。再次感谢国家艺术基金“南朝石刻的临摹写生与传统雕塑的保护人才培养”项目组的各位导师，谢谢你们。

溯源 赵忠勤 树脂 60cm×30cm×10cm

南朝印象　赵忠勤　树脂　65cm × 40cm × 20cm

2019年度

国家艺术基金

CHINA NATIONAL ARTS FUND

南朝石刻的临摹写生与传统雕塑的保护人才培养文献集

展览汇报

南朝石刻的临摹写生与传统雕塑的保护人才培养展览活动

2019 年 11 月 13 日下午，“‘南朝石刻的临摹写生与传统雕塑的保护人才培养’项目作品汇报展”在南京大学美术馆隆重开幕。江苏省文联主席章剑华、南京大学校长助理吴俊出席开幕式。

此外，受邀参加开幕式的校外领导嘉宾还有南京师范大学美术学院副院长陈亮，南京艺术学院副院长尹悟铭，南京六朝博物馆副馆长宋燕，南京科举博物馆副馆长尹磊，南京栖霞古寺监院净善法师，新华日报社主任记者于锋。

出席开幕式的校内领导嘉宾还有南京大学图书馆馆长、南京大学古典文献研究所所长程章灿，南京大学文学院党委书记刘重喜，南京大学学生就业指导中心主任葛俊杰，江苏省美术家协会副主席、南京大学艺术学院美术与设计系主任陆庆龙，南京大学文学院教授、博士生导师童岭，南京大学地理与海洋科学学院副教授陈刚，南京大学出版社副编审赵庆，南京大学双创办（鼓楼）文创基地主任凌元元。南京大学博物馆副馆长史梅主持开幕式。

项目负责人尚莲霞在开幕式上致辞

南京大学艺术学院美术与设计系副主任、本次国家艺术基金项目负责人尚莲霞副教授介绍展览缘起。她指出，本次国家艺术基金项目自成功申报以来，得到了江苏省文联、省文旅厅、省教育厅的指导与关心，更得到了南京大学的大力支持。在项目高研班开班仪式上，章剑华主席和南大党委常务副书记杨忠教授都亲临现场，并寄予了殷切期许。此项目还得到了全国政协常委、中国美术馆馆长吴为山教授的大力支持，他亲自为学员们授课并进行创作示范。学员们通过这一阶段严谨扎实的集中培训、实地走访和写生创作，理论水平和创作能力得到了显著提升，并取得了丰硕成果。其中，3 名学员的作品入选第十三届全国美展，22 名学员的作品入展“塑说大运河”全国雕塑艺术大赛，成绩喜人。

江苏省美协副主席陆庆龙在开幕式宣读吴为山馆长贺信

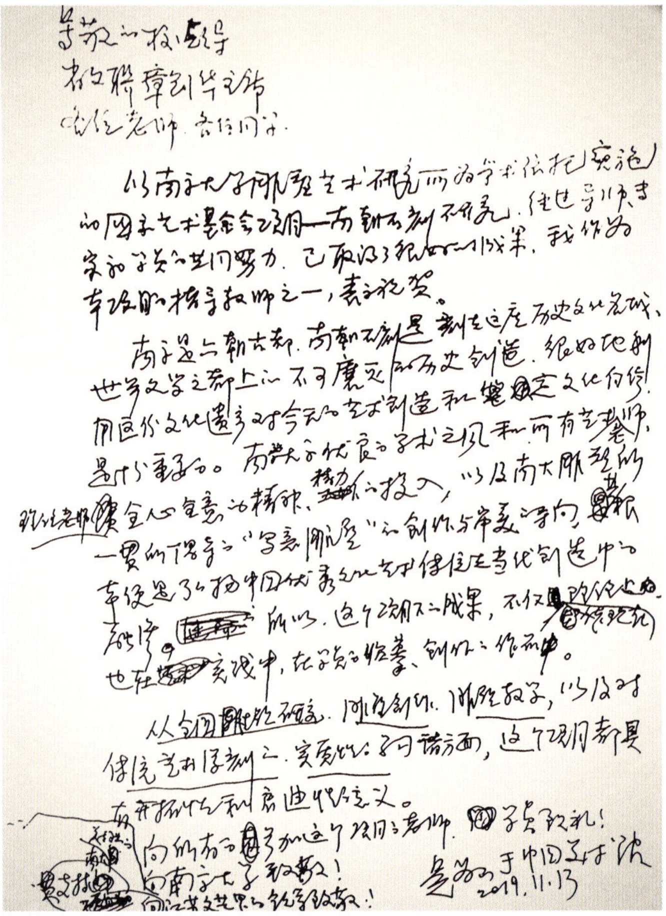
尊敬的校领导
省文联章剑华主席
各位老师、各位同学：

以南京大学雕塑艺术研究所为学术依托实施的国家艺术基金会项目——南朝石刻研究，经过导师、专家和学员的共同努力，已取得了很好的成果，我作为本项目的指导教师之一，表示祝贺。

南京是六朝古都，南朝石刻是刻在这座历史文化名城、世界文学之都上的不可磨灭的历史创造，很好地利用这份文化遗产对今天的艺术创造和文化传承是十分重要的。南京大学优良的学术之风和所有艺术老师、理论老师全心全意的精神、精力的投入，以及南大雕塑所一贯倡导的“写意雕塑”的创作与审美的导向，其根本便是弘扬中国优秀文化艺术传统在当代创造中的……所以，这个项目的成果，不仅……也在……实践中，在学员的临摹、创作的作品中。从全国雕塑研究、雕塑创作、雕塑教学，以及对传统艺术保护的实质性的诸方面，这个项目都具有开拓性和启迪性意义。

向所有参加这个项目的老师、学员致礼！
向南京大学致敬！
向江苏文艺界的领导致敬！

吴为山 于中国美术馆
2019.11.13

吴为山馆长贺信手稿

全国政协常委、中国美术馆馆长、法兰西艺术院通讯院士、南京大学教授吴为山发来贺信，表示“南京是六朝古都，南朝石刻是刻在这座历史文化名城、世界文学之都上的不可磨灭的历史创造……南京大学优良的学术之风和所有艺术老师、理论老师全心全意的精神、精力的投入，以及南大雕塑所一贯倡导的‘写意雕塑’的创作与审美的导向，其根本便是弘扬中国优秀文化艺术传统在当代创造中的融渗……从全国雕塑研究、雕塑创作、雕塑教学，以及对传统艺术深刻的、实质性的学习诸方面，这个项目都具有开拓性和启迪性的意义”。贺信由江苏省美术家协会副主席、南京大学艺术学院美术与设计系主任陆庆龙宣读。

江苏省文联主席章剑华在开幕式上致辞

江苏省文联主席章剑华在致辞中表示，南朝石刻是我们传统文化中一个很重要的符号。雕塑又是凝固的艺术，是历史的标识，也是一个城市的文化，与西方写实雕塑相比，中国的雕塑艺术则以写意见长。东西方雕塑各有优势，各有所长。因此，要以本次项目为契机，通过对南朝石刻的研究与创作，继承和弘扬我们国家与民族所特有的雕塑艺术。他强调，在继承和弘扬中国写意雕塑这方面，南京大学雕塑艺术研究所作出了重大贡献，江苏省雕塑家协会更是每年举办“江苏雕塑月”大型展览活动，江苏雕塑事业在近几年得到了很好的发展，取得了极大的进步。他指出，本项目从临摹写生到人才培养，做到了继承传统文化和实践文艺创新，取得了丰硕的成果。最后，他希望全体学员能够牢记习近平总书记对广大文艺工作者的殷切希望，进一步创作出具有“隽永之美、永恒之情、浩荡之气”的时代经典作品。

项目高研班学员代表李凤志发言，他代表全体学员向南京大学，向为本次培训付出辛勤劳动的各位老师表示最真诚的感谢，并表示此次培训为大家提供了一个优质的教研平台。在项目承办单位南京大学雕塑艺术研究所的精心组织、严格管理下，高研班的教学与研究内容立体丰富，学员们的面貌积极向上。他认为，本次学习不仅是对自身学识的扩充，更是对心灵的一次洗涤、净化和升华，为自己下一步的学习和创作指明了方向。

最后，南京大学校长助理吴俊教授致辞。首先，他代表南京大学欢迎与会人员的到来。他指出，在 20 世纪二三十年代，南京大学的前身国立中央大学和金陵大学便开始收藏殷墟甲骨、金石拓片等历史文物。抗战期间，国立中央大学和金陵大学陆续西迁，这批文物也随之迁移。历尽艰辛，幸得胡小石等先辈竭尽全力地抢救和收集，使得这些文物得以在南大保存、延续、传承。习近平总书记多次强调中华优秀传统文化是中华民族的精神命脉，要加强对中国优秀传统文化的挖掘和阐发，努力实现中华传统文化的创造性转化、创新性发展，把跨越时空、超越国度、富有永恒魅力、具有当代价值的文化精神弘扬起来，把继承优秀传统文化又弘扬时代精神、立足本国又面向世界的当代中国文化创新成果传播出去。本次“南京大学藏六朝石刻碑帖展暨南朝石刻的临摹写生与传统雕塑的保护人才培养项目作品汇报展”便是贯彻总书记要求所践行的一次具有时代意义和开创性意义的活动。

南京大学校长助理吴俊在开幕式上致辞

开幕式嘉宾合影

南京大学雕塑艺术研究所所长助理、创作室主任任艳明向南京大学博物馆捐赠作品，南京大学博物馆副馆长史梅上台接受捐赠。

章剑华、吴俊、宋燕、陈亮、尹悟铭、程章灿、葛俊杰、刘重喜、陆庆龙等领导嘉宾为展览开幕式剪彩，并合影留念。

开幕式后，陆庆龙、陈亮、尹悟铭、尚莲霞、林银雅、任艳明、陈健、李岩、杨祥民、李凤志、汤海英、山峰、罗伟安、谭维等专家导师及学员代表就此次展览召开专项研讨会。研讨会现场各代表踊跃发言，气氛祥和热烈。

研讨会现场

南朝石刻的临摹写生与传统雕塑的保护人才培养项目负责人尚莲霞致辞

项目负责人尚莲霞在开幕式上致辞

本次申报的国家艺术基金“南朝石刻的临摹写生与传统雕塑的保护人才培养”项目在各位领导、各位老师、各有关单位的共同努力下于2019年1月份成功立项。近一年来，经过工作团队和全体师生的共同努力，今天，我们的教学和学习成果在此集结，精彩呈现，迎接领导、师长和同道们的检阅！

作为项目的负责人之一，我倍感自豪！十分荣幸能有此次机会，与大家一道，共同努力，完成这项有意义的教学科研和实践创作工作，为繁荣艺术创作、打造和推广精品力作、培养艺术人才、推进艺术事业发展尽一份心力。

本次国家艺术基金高研班举办的宗旨和愿景乃是以本项目为契机，致力于保护民族文化遗产，发掘传统艺术遗存，弘扬中华美学精神；同时也是在推进立德树人为导向的高校科研发展、人才培养、学科建设的大背景下的教学科研实践与探索。对我们而言，意义重大。

项目自开展以来，得到了江苏省文联、省文旅厅、省教育厅的指导和关心，更得到了南京大学的大力支持，工作开展积极高效，业绩成果丰厚喜人。在高研班的开班仪式上，章主席和杨书记都亲临现场，对我们寄予了殷切期许。本项目还特别得到了中国美术馆馆长吴为山教授的大力支持，他亲自为学员们讲课并进行创作示范。我们也激情满怀、努力精勤、追求卓越，项目申报之初，便邀请组建了理论底蕴深厚、专业技能高超、教学经验丰富的高水平专家团。在项目推进过程中，更是对每一个环节反复推敲，对每一项工作认真谋划，力求完美。高研班邀请了全国和省内的名家大师授课讲学，邀请省委宣讲团成员开展专项课程，从中国美术馆、清华大学、中国美术家协会雕塑艺委会、南大、南师大、南艺、东北师大、鲁迅美院、南京博物院、六朝博物馆等知名高校、文博系统和专业协会专门邀请资深教授及行业领军人物来校举办学术讲座，功深百炼、才具千钧、文史融通、哲思启迪、艺术交流、实践探索，通过优化课程设置，将教学的影响和效果充分发挥并推向极致。

本次高研班的学员是在全国范围内广泛遴选、优中选优的30名优秀青年人才。他们中90%是来自高校、艺术科研机构、文博院馆的一线教师及专业研究人员，每一位都有着较为深厚的专业知识。为掌握南朝石刻的第一手资料、抢救和保护濒危的文化瑰宝，来自不同参研单位的老师、学员们通力协作，尽心尽力，毫不计较个人得失，冒着酷暑四处寻访南朝石刻遗迹，耐心细致地考证与描摹记录，常常为了寻访一处遗迹驱车、徒步百余里，历尽艰辛，克服困难，唯恐有所遗漏。作为亲历者，在此过程中，我深切地感受到南京大学诚朴雄伟的学术精神就在我们身边，就在一次次尽责的查访、一回回细致的写生当中。

经过这一阶段严谨扎实的集中培训、实地走访、写生创作后，学员们对南朝石刻有了深入理解和切身体会，理论水平和创作能力得到了显著提升，并取得了丰硕成果，积累了宝贵经验。在南大学习期间，3名学员作品入选第十三届全国美展，22名学员作品入展“塑说大运河”全国雕塑艺术大赛，成绩喜人！

我和我的同仁们，作为百年南大培养的人民教师和科研工作者，深感此次国家艺术基金班的工作责任重大、使命光荣。看到高研班教学成果显著，学员成绩骄人，我唯有感恩感谢。感恩有这样宝贵的机会，在这样高的平台上，与各位相聚，一起朝着共同的愿景努力奋斗；感恩领导和各界朋友对该项目各项工作的关怀与支持；感恩南京大学多年的培养，从求学到从教，在南京大学的这么多年中是学校的优良风气熏染着我、浸润着我，师长、同事、同学的一言一行感染着我，教会了我为人与求知的真谛。应当说，这次汇报展就是全体科研人员向传统文化的一次回望，向南京大学的一次致敬，也是向在座诸位和社会各界的真诚回报。

习近平总书记指出：“文艺是铸造灵魂的工程，文艺工作者是灵魂的工程师。”本项目不仅是雕塑艺术人才的培养工程，更是一项净化精神境界的灵魂工程。在中华人民共和国成立七十周年的光辉时刻，我们科研工作者以自己的初心和使命，为传统美术与现代艺术人才培养做出探索，为传统民族艺术的保护与传承，为坚定中华民族的文化自信做出努力，以实际行动为新时代的伟大梦想贡献自己的力量和智慧。这既是一名人民教师的分内职责，也是一名科研工作者的使命担当。

“笼天地于形内，挫万物于笔端”，本次展览不仅是项目的阶段性成果，更展示了高研班全体学员倾力研习、凝心聚力的心血之作。我们都是科研追梦人、教育圆梦人，能够投身此项有价值的工作，在南朝石刻保护传承、艺术再创作方面略尽绵薄，取得一定收获，为后学奠定基础，为国家培养人才，我们感到由衷的高兴。

最后，我再次代表项目组向支持、信任我们的全体学员，为本次项目付出辛勤劳动的专家老师，为项目给予关心和指导的各位领导表示衷心的感谢！谢谢南京大学博物馆、南京大学国家双创示范基地文创平台给予的大力支持！

南朝石刻的临摹写生与传统雕塑的保护人才培养学员代表李凤志发言

非常荣幸今天能够代表“南朝石刻的临摹写生与传统雕塑的保护人才培养”高研班30名参培学员向大家汇报近段时间学习的收获和体会。首先，我谨代表全体学员向关心和关注我们成长的主办方——南京大学，向为本次培训付出辛勤劳动的各位老师表示最真诚的感谢。

本次培训为我们提供了一个良好的平台，在项目的承办单位南京大学雕塑艺术研究所的精心组织、严格管理下，高研班的教学与研究呈现出立体丰富的内容、积极向上的面貌。我们学员来自全国各地、五湖四海，从辽宁到广西，从四川到江苏，大家放下手中工作，重新回到课堂，集中参加培训。因为南京大学，因为南大雕塑所，因为雕塑所的这个国家艺术基金班，大家走到了一起，欢聚在一起，一起学习与生活，共同进步与成长。我们带着如火的创作和科研激情，聆听南大以及来自全国的专家学者、艺术大家的教诲，如沐春风。课堂上，我们探讨过，争辩过，知识在这里传播，观点在这里碰撞，思想在这里升华；课堂外，我们品茗畅叙、抚琴高歌，或球场飞扬，或深夜苦读，感情在这里积淀，友谊在这里生长，理想在这里升腾。

本次集中学习，不仅是对我们知识的扩充、教学理念的提高，更是对我们心灵的一次洗涤、净化和升华，为我下一步的学习和创作指明了方向。通过此次学习，我主要有以下三点体会：

一是文艺创作，思想先行。

此次培训让我们在以后的创作过程中更注重学习中华优秀传统文化。文艺的发展与繁荣必须基于对优秀传统文化的继承，注重文艺真善美的永恒价值，注重真实与深入地反映生活，注重探索文艺表现形式，不断推陈出新。

二是时代精神，民族风骨。

艺术创作是一种文化行为，雕塑风格来源于时代精神，从前人的文化遗存中，可以看出不同时代的石雕有各自的时代风格与特征。雕塑创作的观念在不同的时代有不同的文化内涵，但一直保持不变的是一以贯之的民族风情和对时代气韵的孜孜以求。

三是传统与现代相融，实践与理论并重。

创新是个联系之词，联系着过去、现在与未来。创新的前提和基础是传统，传统经过创新得以发展，今天的创新经过时间的流变，又将成为将来的传统。因此，艺术创作必须融汇传统与现代，道技相长，立足当下，面向未来。

短短4个月，本次培训创作业已画上圆满的句号。但在未来的创作道路上，面临各种挑战，我相信我们全体学员一定会继续并肩作战，因为我们永远是高研班的一员，是南大雕塑所的一员，是南京大学的一员！我们用创作点亮激情燃烧的岁月。

再次感谢南京大学的各位领导、各位老师、各位专家学者。感谢培训班的负责人尚莲霞老师、联系人任艳明老师，还有各位工作老师，感谢你们数月以来对我们的关心、支持和指导。

展览现场

国家艺术基金
南京大学
南朝石刻的临摹写生与传统雕塑的保护人才培养项目
作品汇报展
INSCRIPTION EXHIBITION OF SIX DYNASTIES COLLECTED BY NANJING UNIVERSITY AND REPORT EXHIBITION OF WORKS OF THE TALENT CULTIVATION PROJECT OF COPYING AND SKETCHING STONE CARVINGS AND TRADITION AL SCULPTURE IN NAN DYNASTY
展览时间 / EXHIBITION TIME
2019
11/13-11/22
15:00
主办单位 / ORGANIZER
南京大学博物馆
南京大学雕塑艺术研究所
支持单位 / SUPPORTED BY
南京大学艺术学院
南京大学双创办（鼓楼）文创基地
南京大学图书馆
南京大学历史学院
南京大学文学院
南京大学国际合作与交流处
南朝氣韻
TEMPERAMENT AND CHARM OF SOUTHERN DYNASTIES

南朝氣韻

国家艺术基金
南朝石刻的临摹写生与传统雕塑
研讨会
的保护人才培养项目作品汇报展
南朝氣韻

南朝石刻的临摹写生与传统雕塑的保护人才培养项目作品汇报展
2019.11.13
15:00
2019
11/13-11/22
南朝
氣韻

南朝
氣韻

南朝氣韻

TEMPERAMENT AND CHARM OF SOUTHERN DYNASTIES

后记

由南京大学雕塑艺术研究所申请的2019年度国家艺术基金“南朝石刻的临摹写生与传统雕塑的保护人才培养”项目，自2019年7月15日开班至8月23日集中培训课程结束，8月24日至10月12日完成作品创作，历时90天，顺利完成培训任务。

“南朝石刻的临摹写生与传统雕塑的保护人才培养”项目依托南京大学雄厚的学术实力和深厚的文史哲底蕴，聘请著名专家授课，保证了高研班教学研修成果的高水准和高质量。授课内容分为田野考察、理论学习、临摹写生与创作实践四个部分，采用研讨会的灵活教学形式与严格的课业要求相结合的教学方式，充分调动学员教学、研习的积极性和主动性。

来自全国的30名青年雕塑家通过短短40天的集中培训，完成了文字撰写、临摹写生和雕塑创作等大量的课程任务，丰硕的理论和实践成果背后是每位学员辛勤的付出。由于培训时间短、课程安排较为紧凑，学员们放弃了周末和节假日的休息，白天完成理论课程学习，晚上进行创作和研讨，每每工作至深夜，他们全身心的投入，令人动容。在田野中、在博物馆里、在课堂上的高强度学习，学员们克服了南京夏日的高温，出色地完成了学习任务，并上交了丰硕的学习成果。我们为学员们的这种精神点赞。这段集中培训的时光无疑是学员们进入工作阶段后非常充实、令人难忘的人生经历。期待着30名学员能够将此次高研班培训所积蓄的能量和收获的经验作为前行的动力，以此次高研班为新的起点，从中国古代传统雕塑中汲取营养，实现本民族的价值认同和文化自信，继承和发扬中华民族突出优势，更好地发挥我们最深厚的软实力，从而创作出具有中华民族文化精神和美学价值的精品力作。

本项目取得的成果以及本书的顺利出版，离不开国家艺术基金的认可和资助，也离不开江苏省艺术基金的监督以及南京大学长期以来对美育的重视与支持，尤其在课程的具体实施阶段，江苏省文联、江苏省教育厅、南京大学等单位领导亲临教学现场，了解课程的进展情况与学员的学习情况，在诸多方面给予了本项目大力支持。感谢南京大学国家双创示范基地美术产研中心为本项目的开展提供了近800平方米的教学空间，并调配了3D雕塑扫描打印等教学辅助设施，为项目的顺利推进保驾护航。感谢南京大学博物馆为本项目成果作品展给予的大力支持。感谢中国城市雕塑家协会、江苏省雕塑家协会、南京舜睿景观雕塑艺术有限公司给予本项目的大力支持！本项目教学活动的全面开展离不开导师组教师们的敬业精神和学员们的学习热情。本书记录了本项目开课以来大家脚踏实地的教学活动，同时也见证了学员们的成长。特别感谢焦艳军、李岩、李凤志、汤海英、张楠等学员在完成繁重课程之余的无私奉献。本书在编写过程中得到了南京大学出版社编辑老师们的大力支持和帮助，非常感谢。限于水平有限以及成书时间仓促，书中仍有诸多不足之处，希望大家多提宝贵意见和建议。

“南朝石刻的临摹写生与传统雕塑的保护人才培养”高级研修课程班项目组
2019年12月29日

图书在版编目（CIP）数据

南朝气韵：南朝石刻的临摹写生与传统雕塑的保护人才培养文献集 / 尚莲霞主编. — 南京：南京大学出版社，2020.3

ISBN 978-7-305-22873-5

Ⅰ. ①南… Ⅱ. ①尚… Ⅲ. ①石刻－介绍－中国－南朝时代②石刻－文物保护－人才培养－中国－文集 Ⅳ. ①K877.4

中国版本图书馆CIP数据核字（2020）第004693号

出版发行　南京大学出版社
社　　址　南京市汉口路22号　　　邮　编　210093
出 版 人　金鑫荣

书　　名　南朝气韵：南朝石刻的临摹写生与传统雕塑的保护人才培养文献集
主　　编　尚莲霞
责任编辑　田　甜

照　　排　南京新华丰制版有限公司
印　　刷　南京爱德印刷有限公司
开　　本　787×1092　1/8　印张　23　字数　399千
版　　次　2020年3月第1版　2020年3月第1次印刷
ISBN 978-7-305-22873-5
定　　价　198.00元

网址：http://www.njupco.com
官方微博：http://weibo.com/njupco
微信服务号：njuyuexue
销售咨询热线：（025）83594756